IMPLANTAÇÃO DA ISO 9001
Livro 1 da série O Analista

© 2022 – É proibida a reprodução, mesmo parcial, por qualquer processo, sem autorização por escrito do autor e do detentor dos direitos autorais.

Santos, Max Mariano Seixas
Implantação da ISO 9001 / Max Mariano Seixas dos Santos. -1ª ed. - Recife, PE : PETRA DESENVOLVIMENTO PROFISSIONAL, 2022.
155p.

1. Gestão da Qualidade – Administração. I. Título

Obrigado por adquirir este livro

Esta obra é acompanhada de conteúdo complementar (Kit com formulários editáveis). Para acessá-lo, encaminhe a confirmação de compra deste e-book para max@petracursos.com.br e solicite seu código de acesso.

Dedicatória

Dedico este livro às minhas filhas:

Karen Mariana e Ana Beatriz,

e à minha esposa Shirley Santos, dona de nossos corações.

Agradecimentos

Agradeço em primeiro lugar a Deus que permitiu que o meu primeiro emprego fosse na área da Qualidade e assim, me proporcionasse uma paixão à primeira vista.

Também sou grato por toda a equipe da PETRA CONSULTORIA E TREINAMENTOS que me ajudaram com suas experiências, em particular a minha esposa Shirley Santos que assim como eu, teve seu primeiro emprego na área da Qualidade e até hoje tem me ajudado com suas experiências.

Sobre o autor

Max é engenheiro de produção e administrador, especialista em qualidade, processos, projetos e supply chain. Auditor líder em SGI, Master Black Belt (seis sigma), especialista em Power BI e KPIs.

Atuou em várias empresas nacionais e multinacionais implementando sistemas de qualidade, processos, projetos seis sigma entre outros.

Atualmente, Max dedica-se aos projetos da Petra Desenvolvimento Profissional atuando com mentoria e consultoria. Realiza mentorias consultorias de qualidade, processos e produção, além de ministrar mais de 40 cursos com temas variados: Implantação das ISOs 9001, 14001, 45001, 31000, 22000, Power BI, Mapeamento e modelagem de processos, KPIs, MASP, FMEA, Lean Manufacturing, Green e Black Belt (seis sigma), PCP, Analista de qualidade, Analista de processos, Analista de performance, Kaizen, Minitab, entre outros.

Prefácio

Comecei minha jornada profissional na área da qualidade e processos. Eu nem imaginava o que significava Gestão da Qualidade, no começo eu pensava que era uma coisa restrita a um determinado setor, até que fui entendendo que a qualidade é bem mais que uma área, é um conceito que deve estar inseridos em todos os processos da empresa.

A qualidade existe há milhares de anos, mesmo sem saber, as pessoas já buscavam produtos e serviços de qualidade. Com o advento da industrialização no século 20, a qualidade passou a ser um diferencial para as empresas.

As indústrias japonesas, começaram a entender que a Qualidade era algo que atraia os clientes e passou a desenvolver métodos e ferramentas capazes de atingir um nível alto de eficácia e eficiência.

Somente na década de 1980 foi que despertaram para uma norma de gestão que padronizou a qualidade nas empresas, surgia então, a norma ISO 9001. De lá para cá foram diversas atualizações, hoje estamos na versão 2015. A ISO 9001 mostra o caminho para se alcançar um alto nível de qualidade através da padronização dos produtos e serviços.

Para garantir que atende aos padrões de qualidade, as organizações buscam a certificação ISO 9001. Consiste em implantar o sistema de qualidade e chamar um órgão certificador para verificar se a empresa atende os requisitos da norma. Ao final, a empresa recebe um certificado de garantia que atende todos os padrões de qualidade ISO 9001.

Convido você a mergulhar no mar da qualidade e sair pronto para implantar um sistema de gestão capaz de conquistar qualquer tipo de cliente. Vou trazer uma linguagem simples e objetiva com foco na aplicação. Além de explicar (interpretar) o que os requisitos da norma querem dizer, vou lhe mostrar como se faz.

Ao longo de minha jornada profissional já implantei diversos sistemas de qualidade e trago na bagagem muita experiência que estou disposto a compartilhar com você.

Introdução

Já tem muito tempo que a qualidade deixou de ser um diferencial para as organizações, hoje é obrigação ter um sistema de gestão da qualidade. Essa necessidade surge principalmente por causa do cliente que está disposto a pagar um pouco mais por um produto de qualidade.

As organizações já entenderam que o gosto dos clientes evolui, tanto que, o número de empresas com sistemas de qualidade só tem aumentado. Não estou falando apenas de grandes empresas, mas de organizações de médio e pequeno porte que também se encaixam nessa corrida pela qualidade, tampouco estou falando de empresas certificadas em ISO 9001 (embora isso seja muito importante e veremos no capítulo um), refiro-me a processos com a gestão da qualidade implementada.

É preciso entender que a Qualidade não é um setor, mas um sistema, ou seja, deve estar enraizado em todos os processos da organização (marketing, suprimentos, planejamento, produção, comercial, financeiro etc.).

A partir do momento em que a empresa sonha com o sistema de gestão da qualidade, o primeiro passo é sem dúvidas a implementação, e é exatamente aqui que você se encaixa. Um sistema de gestão da qualidade precisa de pessoas capazes de implantar todos os requisitos necessários da qualidade, apenas conhecer não é o suficiente, é necessário saber fazer.

Se me perguntarem *"o que"* é preciso para fazer um bolo, eu até digo (farinha, ovos, manteiga, fermento, açúcar...), se me perguntarem *"como"* fazer o bolo talvez eu até mostre os passos (procedimento), agora, se me mandarem *"fazer"* o bolo, receio que não me atreveria. O que quero dizer é que o *"saber fazer"* é a parte mais importante dentro de um sistema da qualidade.

Em minhas mentorias, já me deparei com vários profissionais que ostentam diplomas de gestão da qualidade feito em grandes universidades, mas na hora do *"vamos fazer"* não conseguem sair do lugar. Não estou dizendo que uma graduação ou pós-graduação em qualidade não seja importante, pelo contrário, se tiver a oportunidade faça. O que quero dizer é que dentro da gestão da qualidade, o papel (diploma) não é tudo, o que vai medir é o *"saber fazer"*.

Ao final da leitura desse livro, você estará pronto para implantar um sistema de gestão da qualidade e poderá atuar em níveis gerenciais, de supervisão, coordenação, analista e assistente da qualidade. O conteúdo será suficiente para você se tornar um profissional da qualidade, o grande diferencial que vamos mostrar é a visão que você deve ter ao se envolver com o sistema de gestão, ao final da leitura, você não será um mero expectador, mas vai ver a qualidade com outros olhos e principalmente vai aprender a implantar cada parte do sistema.

Ao longo das próximas páginas, vamos iniciar mostrando como implementar a norma ISO 9001:2015, não apenas interpretar, mas mostrar o *"como fazer"* para atender cada um dos requisitos, vamos sugerir informações documentadas (documentos e registros) para sua organização, bem como, o que apresentar em casos de auditoria.

Este é apenas o primeiro livro da série O Analista, muita coisa ainda está por vir.

SUMÁRIO

SOBRE A NORMA ISO 9001:2015 14

IMPLANTANDO O SGQ 16

SEÇÕES 0 A 3 19

SEÇÃO 4 – CONTEXTO DA ORGANIZAÇÃO ... 21

    4.1 - Entendendo a organização e seu contexto21

    4.2 - Entendendo as necessidades e expectativas de partes interessadas 24

    4.3 – Definição de escopo 27

    4.4 – SGQ e seus processos 30

SEÇÃO 5 – LIDERANÇA 39

    5.1 – Liderança e comprometimento 39

    5.1.2 – Foco no cliente 41

    5.2 – Política da qualidade 43

    5.3 – Papéis, responsabilidades e autoridades organizacionais 47

SEÇÃO 6 – PLANEJAMENTO 50

    6.1 – Ações para abordar riscos e oportunidades50

    6.2 – Objetivos da qualidade e planejamento para alcançá-los 54

    6.3 – Planejamento de mudanças 61

SEÇÃO 7 – APOIO 63

    7.1 – Recursos 63

    7.2 – Competências 76

    7.3 – Conscientização 80

    7.4 – Comunicação 81

    7.5 – Informação documentada 82

SEÇÃO 8 – OPERAÇÃO 91

8.1 – Planejamento e controle operacional..... 91

8.2 – Requisitos para produtos e serviços 95

8.3 – Projeto e desenvolvimento....................101

8.4 – Controle de processos, produtos e serviços providos externamente....................... 109

8.5 – Produção e provisão de serviços 116

8.6 – Liberação de produtos e serviços......... 124

8.7 – Controle de saída não conforme 126

SEÇÃO 9 – AVALIAÇÃO DE DESEMPENHO. 128

9.1.1 – Generalidades 128

9.2 – Auditoria interna................................. 132

9.3 – Análise crítica pela direção 135

SEÇÃO 10 – MELHORIA 141

10.1 – Generalidades 141

10.2 – Não conformidades e ação corretiva.. 144

10.3 – Melhoria contínua 152

CONCLUSÃO 154

BIBLIOGRAFIA 155

LISTA DE FIGURAS

Figura 1 - Processos... 20
Figura 2 - Análise de SWOT.............................. 24
Figura 3 - Stakeholders....................................... 26
Figura 4 - Diagrama de tartaruga 35
Figura 5 - Mapa de processos 36
Figura 6 - Modelo de Fluxograma 38
Figura 7 - Modelo de Política da Qualidade 46
Figura 8 - Matriz de autoridade e responsabilidade 49
Figura 9 - Planilha de What-if (página 1) 54
Figura 10 - Planilha de What-if (página 2).........54
Figura 11 - Controle de objetivos e metas 59
Figura 12 - Ficha de indicadores........................ 60
Figura 13 - Planejamento de mudanças............. 62
Figura 14 - Certificado de calibração (página 1) .73
Figura 15 - Certificado de calibração (página 2).74
Figura 16 - Plano e controle de calibração..........75
Figura 17 - Matriz de competências 77
Figura 18 - Plano de treinamentos......................78
Figura 19 - Controle de treinamentos.................78
Figura 20 - Plano de comunicação 82
Figura 21 - Lista mestra no Excel....................... 88
Figura 22 - Controle de informação documentada 89
Figura 23 - Planejamento operacional (página 1) 94
Figura 24 - Planejamento operacional (página 2) 94
Figura 25 - Requisitos do produto/serviço.........97
Figura 26 - Requisição de compras 110

Figura 27 - Avaliação de fornecedores 112
Figura 28 - Pedido de compra 115
Figura 29 - Relatório de inspeção 126
Figura 30 - Programa de auditoria................... 135
Figura 31 - Exemplo Relatório de Análise Crítica140
Figura 32 - Proposta de melhoria..................... 143
Figura 33 - Relatório de RNC e ação corretiva.. 151
Figura 34 - Controle de RNC (parte 1) 152
Figura 35 - Controle de RNC (parte 2)............. 152

SOBRE A NORMA ISO 9001:2015

A norma ISO 9001 é sem dúvidas a mais famosa entre as normas de gestão, muitas outras foram criadas a partir dela, como é o caso da ISO 14001 (meio ambiente), ISO 45001 (segurança e saúde ocupacional), ISO 22000 (Gestão da segurança de alimentos), entre outras.

Mas afinal, o que é a norma ISO 9001? É um conjunto de requisitos que mostram o que é preciso implementar para ter um sistema de gestão da qualidade. Sua estrutura é baseada em dez seções, onde as três primeiras são informativas e as demais são de aplicação.

A norma ISO 9001 está relacionada a duas outras normas:

- ISO 9000 – Sistemas de gestão da qualidade. Fundamentos e vocabulários, provê a base para o entendimento da norma ISO 9001, esclarece termos pouco comuns como não conformidades, riscos etc. Serve de base.
- ISO 9004 – Gestão para o sucesso sustentado de uma organização. Provê diretrizes para organizações que escolherem progredir além dos requisitos da ISO 9001, com visões de sustentabilidade.

A organização pode implementar os requisitos da norma mesmo sem solicitar uma certificação, embora o certificado seja uma garantia de que ela atende todos os requisitos da norma, inclusive, alguns clientes exigem o certificado.

Para pedir a certificação, a organização precisa procurar órgãos certificadores, pedir um orçamento, fazer um contrato e agendar a auditoria de certificação. O valor pode variar de acordo com a quantidade de processos no escopo (falaremos sobre isso posteriormente) e a quantidade de pessoas envolvidas nos processos. Um certificado da ISO 9001 tem validade de três anos, depois desse tempo a empresa deverá fazer uma recertificação.

Antes de começar a implementação dos requisitos, vale salientar três coisas importantes:

- Toda vez que a norma usar o termo *"deve"*, a organização é obrigada a implementar o requisito.

- As *"notas"* não são requisitos para implementação, elas fazem referência a uma sugestão ou esclarecimento de um requisito. Também não se pode auditar o que está descrito nas notas.

Alguns requisitos exigem documentação formal, nessa versão da norma, os termos documentos e registros foram substituídos por "Informação documentada".

IMPLANTANDO O SGQ

Ao planejar a implantação de um Sistema de Gestão da Qualidade – SGQ, a primeira coisa que você deve saber é que vai precisar de muita dedicação, mas isso não será o suficiente, a empresa vai precisar também investir financeiramente.

Equipe do SGQ

Se tiver recursos, monte um comitê para implantação do SGQ, de preferência com pessoas multifuncionais, ou seja, de várias áreas da empresa.

Caso não se sinta seguro para tocar o projeto de implantação, você pode contratar uma consultoria para te dar todo o suporte. A maioria das consultorias ofertam dois tipos de serviços na implantação do SGQ:

- Consultoria no estilo mentoria, onde a empresa seleciona pessoas para implantação e a consultoria vai guiando o projeto com treinamentos, suporte na elaboração dos documentos etc. Esse é o tipo que eu indicaria para você, inclusive, é o meu serviço mais vendido.

- Consultoria total, consiste na equipe consultora implementar seu sistema da qualidade sem a necessidade das pessoas da empresa se envolver 100%. A desvantagem é que a empresa ou fica abandonada após a certificação, ou ficará refém da consultoria tendo um contrato por tempo indeterminado.

Implementação dos requisitos da norma

A implementação dos requisitos é a parte mais importante do processo, a norma ISO 9001 vai dizer o que DEVE ser feito e você precisa saber COMO será feito, mas não se preocupe que o conteúdo desse livro vai te mostrar como fazer a implementação.

Sugiro que você faça um autodiagnóstico para saber como a empresa está atualmente e como ficará à medida que vai avançando nas implementações. Existem vários modelos disponíveis, inclusive com marcador de percentual, no kit de formulários que você tem direito ao adquirir esse livro, consta um modelo de autodiagnóstico.

Selecionando um órgão certificador

Você pode implementar os requisitos da norma ISO 9001 sem a necessidade de um órgão certificador, no entanto, não vai conseguir comprovar que atende aos padrões de qualidade.

O órgão certificador é responsável por verificar se a empresa atende aos padrões de qualidade referidos na ISO 9001, logo, não é uma pessoa ou qualquer empresa que pode emitir essa certificação.

Sugiro que contate o órgão certificador somente quando o sistema estiver funcionando e as pessoas já entendendo sua participação no SGQ.

COMO FAZER

1. Liste os principais órgãos certificadores: BR TUV, BV, Fundação Vanzoline, SGS, BSI, DNV, entre outras.

2. Faça uma cotação entre elas (geralmente vão solicitar o tipo de empresa, o escopo, a quantidade de pessoas envolvidas etc.).

3. Escolha a certificadora que melhor lhe atenda.

O custo do contrato varia de acordo com o órgão certificador, geralmente é feito um contrato de três anos (período de validade do certificado). A forma de pagamento também varia conforme o órgão certificador, alguns parcelam o valor em três anos.

O órgão certificador vai realizar pelo menos três auditorias na sua empresa com intervalos de 12 meses:

- Primeira: Auditoria de certificação

- Segunda: Auditoria de manutenção
- Terceira: Auditoria de manutenção

Dependendo da gravidade das não conformidades encontradas durante as auditorias, a empresa terá até 90 dias para resolver e se for preciso uma nova visita do auditor nas instalações da empresa, os custos serão repassados.

Caso não concorde com alguma não conformidade identificada pelo auditor, é possível recorrer ao órgão certificador com as devidas justificativas.

Caso a empresa não consiga a certificação ou perca o certificado no intervalo dos três anos, o contrato será desfeito com o órgão certificador, por isso, fique atento às questões contratuais.

SEÇÕES 0 A 3

Seção 0 - Introdução

A seção 0 da ISO 9001 não é passível de implementação ou de auditoria, ela serve como um guia introdutório sobre o sistema de gestão da qualidade, fala que a norma é baseada no sistema PDCA (Planejamento, execução, verificação e ação) e que também pode ser utilizada por empresas de todos os portes e segmentos.

Nesta seção, são apresentados os famosos *princípios da qualidade* que resumem todo o conteúdo da norma, inclusive, esses princípios da qualidade serão diluídos nos requisitos e melhor tratados ao longo do conteúdo desse livro.

Estes são os princípios da qualidade citados na norma:

- Foco no cliente;
- Liderança;
- Engajamento das pessoas;
- Abordagem de processos;
- Melhoria;
- Tomada de decisão baseada em evidência; e
- Gestão de relacionamento.

Essa nova versão da norma ISO 9001 trouxe um foco maior na mentalidade de riscos que veremos ao longo de todos os requisitos, mesmo que de forma indireta.

A implantação do sistema da qualidade, é com base nos processos da organização. Processo é formado por entradas, processamento e saídas, ou podemos conceituar de forma prática como uma sequência de atividades (estudaremos mais sobre processos no requisito 4.4).

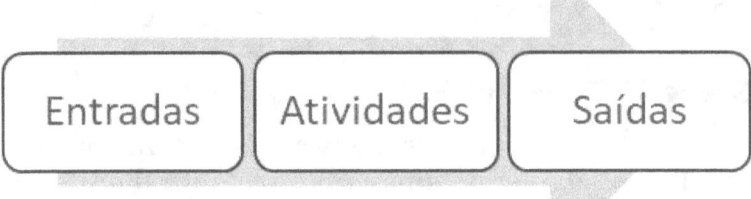

Figura 1 - Processos

Seção 1 - Escopo

Essa é mais uma seção informativa, aqui fala sobre os objetivos da norma que são a implementação de requisitos para um sistema de gestão da qualidade - SGQ.

A empresa pode por suas próprias razões querer a implementação do SGQ, seja para a melhoria dos produtos e serviços ou para aumentar a satisfação do cliente. Não importa o ramo de atividade, ou o tamanho da organização, os requisitos são genéricos e se aplicam para qualquer tipo de empresa.

Seção 2 – Referência normativa

Está relacionada às referências da norma, é interessante que o profissional da qualidade conheça uma outra norma de apoio, a ISO 9000 que traz um glossário dos principais conceitos e termos apresentados na ISO 9001. Importante salientar que a norma ISO 9000 não traz requisitos de aplicação, logo, não é passível de auditorias.

Seção 3 – Termos e definições

Esta seção funciona como um glossário dos termos que aparecem na norma, como por exemplo, *"avaliação de eficácia"*. É importante o profissional da qualidade conhecer a norma ISO 9000.

SEÇÃO 4 – CONTEXTO DA ORGANIZAÇÃO

4.1 - Entendendo a organização e seu contexto

> "A organização deve determinar questões externas e internas que sejam pertinentes para o seu propósito e para seu direcionamento estratégico e que afetem sua capacidade de alcançar o(s) resultado(s) pretendido(s) de seu sistema de gestão da qualidade. A organização deve monitorar e analisar criticamente informação sobre essas questões externas e internas.
>
> NOTA 1. Questões podem incluir fatores ou condições positivos e negativos para consideração. NOTA 2. O entendimento do contexto externo, pode ser facilitado pela consideração de questões provenientes dos ambientes legal, tecnológico, competitivo, de mercado, cultural, social e econômico, tanto internacionais, quanto nacionais, regionais ou locais. NOTA 3. O entendimento do contexto interno pode ser facilitado pela consideração de questões relativas a valores, cultura, conhecimento e desempenho da organização."

Toda implementação que se fizer necessária começa a partir deste requisito.

Há uma preocupação por parte da norma ISO 9001 para que o planejamento estratégico inclua também as questões do sistema de gestão da qualidade. Em outros momentos, essa inclusão não acontecia em empresas com SGQ e os efeitos eram os piores possíveis, fazendo com que o produto não atingisse os seus resultados e consequentemente deixando o cliente insatisfeito.

Todas as empresas são afetadas por fatores internos e externos que atingem diretamente o sistema de gestão da qualidade. Esses fatores podem ou não ser controlados.

O requisito 4.1 vem de encontro a essa questão e determina que a organização tome pelo menos três atitudes:

1. **Levante os fatores internos que possam afetar o SGQ**. Fatores internos estão relacionados a desvantagens ou fraquezas dentro da própria organização, por exemplo: ausência de mão de obra

qualificada, equipe sem treinamento específico, produto altamente perecível, falta de estrutura adequada, máquinas obsoletas etc.

É preciso compreender a realidade da organização, responda perguntas do tipo: *Quem somos? Onde estamos? O que fazemos? Quais são nossos recursos materiais e humanos? Para onde queremos ir?*

2. **Levante os fatores externos que possam afetar o SGQ.** Fatores externos geralmente não são controláveis, mas não significa que a organização não possa conter seus efeitos. Esses fatores se assemelham a ameaças, por exemplo: novo concorrente, pirataria de produtos, escassez de matéria-prima, fenômenos da natureza etc.

   Não pense que é fácil identificar todos os fatores externos, alguns são aparentes, outros requerem um conhecimento apurado do mercado e há outros ainda impossíveis de identificar como foi o caso da pandemia (COVID-19).

3. **Monitore esses fatores**. Monitorar é acompanhar os resultados, a norma não dá a periodicidade para este controle, mas é aconselhável fazer junto com o planejamento estratégico da organização. Um fator interno ou externo pode sumir de um período para o outro, daí a importância de estar fazendo o acompanhamento.

Na seção 6 da norma ISO 9001, será necessário criar um plano de ação para conter esses fatores.

Neste requisito não é requerido informação documentada, mas convém considerar sua elaboração, quer a nível estratégico, quer a nível operacional, bem como ao nível de determinação de riscos e oportunidades. Essa documentação permitirá aferir a qualidade da análise do contexto, aprender e melhorar práticas.

Embora não seja uma exigência da norma, você pode trabalhar esses fatores através de um método estratégico bastante conhecido, a Análise de SWOT.

A Análise de SWOT é um método do planejamento estratégico que engloba exatamente fatores internos e externos que possam afetar a organização.

COMO FAZER

1. Envolva os diversos níveis da organização na análise das questões internas e externas, desde o estratégico até o operacional.

2. Faça um brainstorming o mais amplo possível para identificar os fatores.

3. Integre o SGQ com os processos de negócio, com a direção estratégica e com os processos de tomada de decisão.

4. Crie uma Análise de SWOT onde os fatores internos ficarão no quadrante Fraquezas e os fatores externos ficarão no quadrante de Ameaças.

5. Confira se você abordou todo o contexto da organização (onde ela está inserida, seus produtos e serviços).

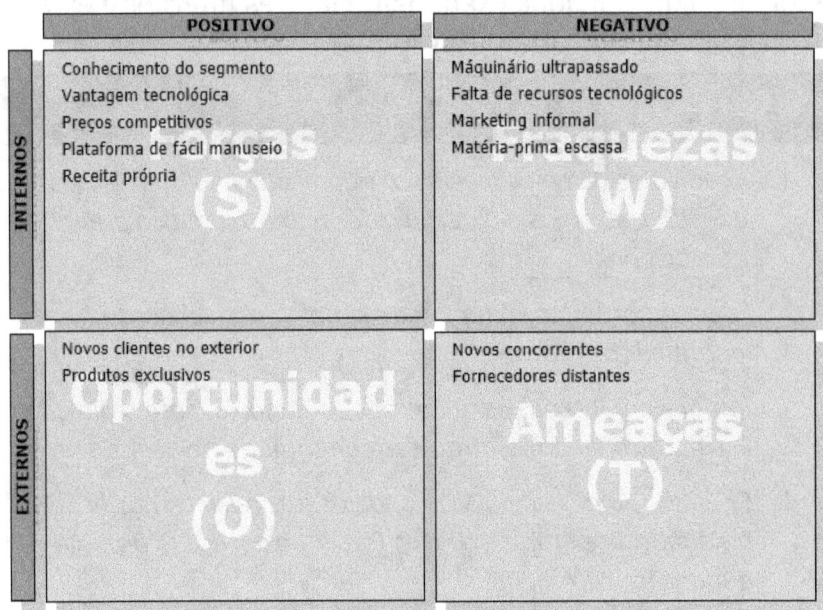

Figura 2 - Análise de SWOT

4.2 - Entendendo as necessidades e expectativas de partes interessadas

"Devido ao seu efeito ou potencial efeito sobre a capacidade da organização para prover consistentemente produtos e serviços que atendam aos requisitos do cliente e aos requisitos estatutários e regulamentares aplicáveis, a organização deve determinar: a) as partes interessadas que sejam pertinentes para o sistema de gestão da qualidade; b) os requisitos dessas partes interessadas que sejam pertinentes para o sistema de gestão da qualidade; A organização deve monitorar e analisar criticamente informação sobre as partes interessadas e seus requisitos pertinentes."

É fato que uma empresa não vive isolada, sempre haverá algo ou alguém fazendo negócios com ela.

Partes interessadas (stakeholders) são todos aqueles que afetam ou podem ser afetados pela organização. Embora seja um novo requisito nessa versão da norma, as partes interessadas não é uma novidade para as empresas, pois já existe uma comunicação com os stakeholders.

A quantidade de partes interessadas pode variar de acordo com o tipo da empresa, exemplos:

- O *cliente* que visa ter seus requisitos atendidos.
- O *fornecedor* que pode impactar no prazo.
- O *Governo* que deseja que as Legislações sejam cumpridas.
- Os *sócios* que querem seus dividendos.
- A *sociedade* que deseja uma compensação pela exploração dos recursos naturais.
- Os *funcionários* que desejam qualidade de vida, e assim por diante.

A organização pode interagir de várias formas com as partes interessadas, entre elas, a consulta (questionários de clientes, newsletters, palestras, visitas, marketing e visita técnica), a comunicação (cartas, relatórios, comissão de consultas, reuniões e blogs), o diálogo (chats, intranet e reuniões específicas) e as parcerias (associação com outras empresas, projetos de P&D e projetos de ações beneficentes).

O requisito determina que a organização faça pelo menos três coisas:

1. **Levantamento de todas as partes interessadas** relacionadas ao negócio, deve-se levar em consideração o local onde a organização está localizada e o tipo de produto ou serviço que é realizado. Uma legislação, por exemplo, pode variar de um lugar para outro.

2. **Definir as expectativas das partes interessadas**, ou seja, *o que desejam da organização?* Um cliente deseja que seus requisitos sejam atendidos, por exemplo. Uma parte interessada pode ter mais de uma expectativa e isso deve ser levado em consideração.

3. **Monitorar o atendimento a estas expectativas**. O monitoramento tem a ver com acompanhar o

atendimento das expectativas, ou seja, *como saber se consegui atender os stakeholders?* A periodicidade desse acompanhamento pode variar de acordo com a expectativa, podendo ser semanal, mensal, trimestral, anual ou até a cada pedido entregue ao cliente.

A norma ISO 9001 não exige informação documentada para este requisito, mas isso não impede que você formalize seu controle e monitoramento. Optando em não evidenciar via documento, as pessoas na organização precisarão ter a mesma mentalidade em relação as expectativas e monitoramento das partes interessadas.

COMO FAZER

1. Faça uma lista com todas as partes interessadas, consulte os demais processos para compor uma lista completa.

2. Defina quais são as expectativas de cada um, ou seja, o que eles esperam da organização.

3. Faça o acompanhamento do atendimento às expectativas de cada parte interessada.

ITEM	PARTES INTERESSADAS	NECESSIDADES E EXPECTATIVAS	MONITORAMENTO	FREQUÊNCIA
1	CLIENTES	Atendimento dos requisitos contratuais e cumprimento dos prazos de entrega.	* Índice de satisfação de clientes; * Taxa de não conformidades; * Prospecção de novos negócios com o cliente.	Anual

Figura 3 – Stakeholders

4.3 – Definição de escopo

> *"A organização deve determinar os limites e aplicabilidade do sistema de gestão da qualidade para estabelecer o seu escopo. Ao determinar esse escopo, a organização deve considerar: a) as questões externas e internas referidas em 4.1; b) os requisitos das partes externas e internas referidos em 4.2; c) os produtos e serviços da organização. A organização deve aplicar todos os requisitos desta Norma, se eles forem aplicáveis no escopo determinado do sistema de gestão da qualidade. O escopo do sistema de gestão da qualidade da organização deve estar disponível e ser mantido como informação documentada. O escopo deve declarar os tipos de produtos e serviços cobertos e prover justificativa para qualquer requisito desta Norma que a organização determinar que não seja aplicável ao escopo do seu sistema de gestão da qualidade. A conformidade com esta Norma só pode ser alegada se os requisitos determinados como não aplicáveis não afetarem a capacidade ou a responsabilidade da organização de assegurar a conformidade dos seus produtos e serviços e o aumento da satisfação do cliente."*

Podemos definir escopo como o foco do SGQ, ou seja, a abrangência do sistema. Você poderia perguntar: "*Mas, a qualidade não deveria abranger todos os processos da organização?*", na teoria, sim, mas a norma ISO 9001 permite que a empresa escolha por suas próprias razões quais processos farão parte do seu sistema de qualidade.

O escopo delimita a atuação do sistema, ou seja, suponha que uma empresa tenha 10 processos estabelecidos, de acordo com este requisito, você pode inserir todos os processos no escopo ou escolher apenas alguns. É importante saber que a ISO 9001 foca nos resultados e não apenas nos requisitos em si. O ideal seria inserir todos os processos dentro do escopo, mas caso isso não seja possível, pelo menos o processo principal deve constar, por exemplo, se fabrico um produto, o processo de fabricação deve estar no escopo.

Certa vez, um participante do curso de Analista da Qualidade citou um exemplo: *"Professor, peguei um ônibus indo para o trabalho e as condições eram horríveis, atendimento ruim, veículo em péssimo estado, mas lá estava uma placa dizendo 'Empresa com ISO 9001', fui questionar e eles disseram que o escopo era focado em um processo interno de controle de combustível"*. Note que o escopo da empresa de transporte coletivo não contempla as condições dos transportes.

Certo banco privado no Brasil, estampava em suas campanhas de marketing que possuía sistema de qualidade em atendimento, quando questionado sobre o mal atendimento e demora nas filas de suas agências, simplesmente disse que o escopo do SGQ era o atendimento via telefone.

Na escolha do escopo, leve em consideração seu produto/serviço principal, observe quais são suas partes interessadas e assim, defina o escopo. O ideal é envolver todos os seus processos principais, por exemplo: Suprimentos, Planejamento, Produção, Expedição etc.

Esse requisito fala também que dependendo do ramo de atuação da organização, é possível tornar algum requisito da norma como não aplicável. Uma empresa que não atua com equipamentos de monitoramento e medição (calibração), por exemplo, não está obrigada a atender ao requisito 7.1.5. Ou ainda, a empresa que não desenvolve projetos, também não estaria obrigada a implementar o requisito 8.3 - Projeto e Desenvolvimento da ISO 9001.

Contudo, evite usar o termo "Excluído", pois com as mudanças no mercado é possível que em algum momento este requisito venha se tornar aplicável, então, use o termo *"Não aplicável"*. Mas, não pense que tornar um requisito não aplicável é simples assim, você não pode sair por aí dizendo que esse ou aquele requisito da norma não se aplica à sua organização simplesmente porque não está disposto a cumpri-lo. A norma ISO 9001 pede uma justificativa plausível para tornar um requisito não aplicável, sendo bem claro, quase todos os requisitos se aplicam nas organizações.

Suponha que uma montadora de móveis faz somente a montagem para uma grande fábrica, logo, a montadora não desenvolve produtos ou projetos, nesse caso, o requisito 8.3 da ISO 9001:2015 não teria aplicabilidade.

Veja como ficaria:

> "Não se aplica à empresa MONTAGEM LTDA o requisito 8.3 da ISO 9001:2015, pois a empresa somente executa montagem terceirizada de móveis produzidos e projetados em outras empresas, não atuando assim com projetos e desenvolvimento de produtos ou serviços."

Ao determinar o escopo da sua organização, experimente responder às seguintes questões, veja uma simulação com a empresa *CHOCOLATE BOM*:

- Onde minha empresa está localizada?
  Resposta: Salvador/BA
- Quais os produtos/serviços são vendidos pela minha empresa?
  Resposta: Fabricamos chocolates
- Em qual mercado (local físico) minha empresa atua.
  Resposta: Todo o Brasil
- Para quem eu vendo?
  Resposta: Rede de supermercados
- Quais os processos do meu SGQ?
  Resposta: Suprimentos, Fabricação, Embalagem, Expedição

Ao responder essas perguntas, você apresentará informações importantes sobre o funcionamento do seu SGQ, se orientando para os resultados que espera. E isso acontece porque esses aspectos tanto afetam o SGQ quanto são afetados por ele.

Exemplo do escopo:

> "A CHOCOLATE BOM é uma fábrica baiana situada em Salvador que fabrica chocolates para revenda em todo o Brasil. Os Processos do SGQ são: Suprimentos – Fabricação – Embalagem – Expedição."

Para ter credibilidade, o escopo precisa envolver os principais processos da organização, ser claro e objetivo, além de possuir informação suficiente, prevenindo informações errôneas.

A norma ISO 9001 exige que o escopo seja mantido como informação documentada, ou seja, a organização precisa manter um registro do escopo que pode ficar em um manual, ata de reunião ou qualquer outro documento formal da empresa.

> **COMO FAZER**
>
> *Ao elaborar o escopo do seu SGQ, considere:*
>
> 1. *As questões externas e internas referidas em 4.1 - aqui seria analisar o contexto da organização, ver quais são os fatores internos e externos que podem afetar o SGQ, com isso, será possível abranger quase todos os processos.*
> 2. *Os requisitos das partes interessadas referidos em 4.2 - verifique o que você determinou como stakeholders e desenvolva o escopo com processos que atendam essas expectativas.*
> 3. *Considerar os produtos e serviços da organização - aqui você deve olhar para o produto ou serviço principal e desenvolver o escopo baseado neles, não tem como uma fábrica de chocolates colocar somente no escopo seu processo de motivação dos funcionários, por exemplo.*

4.4 – SGQ e seus processos

"4.4.1 A organização deve estabelecer, implementar, manter e melhorar continuamente um sistema de gestão da qualidade, incluindo os processos necessários e suas interações, de acordo com os requisitos desta Norma. A organização deve determinar os processos necessários para o sistema de gestão da qualidade e sua aplicação na organização, e deve:
a) determinar as entradas requeridas e as saídas esperadas desses processos;
b) determinar a sequência e interação desses processos;
c) determinar e aplicar os critérios e métodos (incluindo monitoramento, medições e indicadores de desempenho relacionados) necessários para assegurar a operação e controle eficazes desses processos;
d) determinar os recursos necessários desses processos e assegurar sua disponibilidade; e) atribuir as responsabilidades e autoridades para esses processos; f) abordar os riscos e oportunidades conforme determinados de acordo com os requisitos de 6.1; g) avaliar esses processos e implementar quaisquer mudanças necessárias para assegurar que esses processos

alcancem os resultados pretendidos; h) melhorar os processos e o sistema de gestão da qualidade. 4.4.2 Na extensão necessária, a organização deve: a) manter informação documentada para apoiar a operação de seus processos;
b) reter informação documentada para ter confiança em que os processos sejam realizados conforme planejado."

Todas as empresas possuem processos, organizados ou não, eles sempre existiram. Ao implementar um SGQ, é preciso ter em mente que os processos precisam estar padronizados.

O requisito fala sobre sistema de gestão de processos, entenda sistema como um conjunto que busca um bem comum, logo, sistema de processos seria um conjunto de processos da organização.

O conceito de processo pode ser muito amplo, mas vamos resumi-lo como um conjunto de tarefas com um propósito. Juntas, essas tarefas (ou atividades) formam o processo que ainda deve ter entradas e saídas.

A norma ISO 9001 diz que a organização deve determinar os processos necessários para o bom andamento do sistema, esse levantamento inclui tanto os processos operacionais (aqueles que estão relacionados a suporte, produção, execução e realização de serviços) quanto os processos de gestão (relacionados a gestão do SGQ e administrativos).

Uma vez identificados, a norma ISO 9001 orienta definir para cada processo:

- **Entradas:** Para um processo funcionar, ele precisa de recursos materiais ou humanos, esses pré-requisitos chamamos de entradas. As entradas podem ser compostas por matéria-prima, insumos (máquinas), uma autorização, um documento, pessoas etc. Pode ser tangível ou intangível. Entradas também podem ser compostas por pessoas necessárias para o funcionamento do processo.

- **Sequência e interação:** Uma vez definidas as entradas, o profissional da qualidade deve identificar a sequência do processo, nessa fase é importante fazer um Mapeamento completo do Processo para identificar o tempo de duração das etapas, as esperas entre uma atividade e outra, os responsáveis, os gargalos etc. É fundamental padronizar um processo; quando não existe um fluxo ou um procedimento, os participantes executam o processo do seu próprio jeito, sem querer saber se está correto.

A interação está relacionada aos outros processos ligados diretamente ao atual, ou seja, os processos que vem antes e os que vem depois. O objetivo da norma é delimitar as áreas do processo.

Se você tem interesse em aprender como mapear e modelar processos, acesse: https://ead.petracursos.com.br/curso/mapeamento-e-modelagem-de-processos

- **O critério, método, medições e KPIs necessários para garantir a eficaz operação e controle desses processos:** deve haver um conjunto de indicadores ou um sistema de medição de desempenho que mostre a evolução dos processos. Os indicadores são a melhor forma de enxergarmos o desempenho dos processos, vou mostrar mais quando chegarmos no requisito 6.2.

- **Determinar os recursos necessários para os processos e assegurar sua disponibilidade:** podemos dividir os recursos em duas partes: humanos e materiais (insumos). A norma fala que a organização deve fazer o levantamento de quais recursos serão necessários para execução do processo, a lista deve conter as funções, máquinas, equipamentos, matéria-prima, entre outros. Uma vez que o levantamento foi realizado, é necessário garantir que os recursos estarão disponíveis para o processo.

- **Atribuir as responsabilidades e autoridades para os processos:** um processo sem "dono" dificilmente terá sucesso, sabendo disso, a norma determina que sejam definidas as autoridades e responsabilidades nas etapas do processo. Para cada etapa do processo, a organização deve determinar a responsabilidade ou autoridade, mesmo que haja repetições de pessoas ou funções entre as etapas.

- **Abordar os riscos e oportunidades do processo:** vamos ver mais detalhes sobre riscos e oportunidades quando estivermos estudando o requisito 6.1 da norma, mas podemos adiantar que a organização deve fazer um levantamento dos riscos que podem impedir o processo de atingir seus objetivos. A organização pode usar um método ou ferramenta específica para levantamento desses riscos como um FMEA ou uma planilha de WHAT IF (E SE).

- **Avaliar o processo:** A norma diz que a organização precisa fazer uma avaliação do processo e encontrar pontos necessários para mudanças. A mudança em um processo pode ser:

   - Pequena: quando qualquer pessoa do processo pode fazer, isso não requer grandes investimentos.

   - Média: quando a mudança requer um pouco de atenção ou algum pequeno investimento, geralmente é feita com autorização de um líder de equipe ou encarregado.

   - Grande: quando requer um alto investimento ou a mudança afeta consideravelmente o processo, por exemplo: a aquisição de uma máquina ou a mudança total do procedimento, esse tipo de mudança acaba chegando no alto escalão da empresa e requer uma autorização.

- **Melhorar os processos:** veremos mais detalhes sobre melhoria na sessão 10 da norma, mas melhorar continuamente um processo é uma necessidade da organização. Um processo nunca deve ser considerado bom o suficiente, sempre há algo que precisa ser melhorado, um profissional da qualidade precisa ter a visão apurada e encontrar esse ponto de melhoria.

- **SAÍDA:** é o resultado do processo. Todo processo tem uma função ou objetivo, a saída é o resultado dessa função. Pode ser tangível (produto, material, peça) ou intangível (uma informação, autorização ou ordem).

COMO FAZER

Existem várias formas de atender este requisito, uma delas é a elaboração de um *Diagrama de tartaruga*:

1. Liste todos os processos do escopo.
2. Faça o mapeamento dos processos.
3. Determine as entradas e saídas do processo.
4. Determine os recursos materiais e os recursos humanos envolvidos no processo.
5. Elabore um procedimento ou fluxograma do processo.
6. Determine os indicadores do processo (KPIs).
7. Defina a interação do processo (qual processo vem antes e depois do seu processo).
8. Defina o dono do processo (gerente, encarregado etc.).

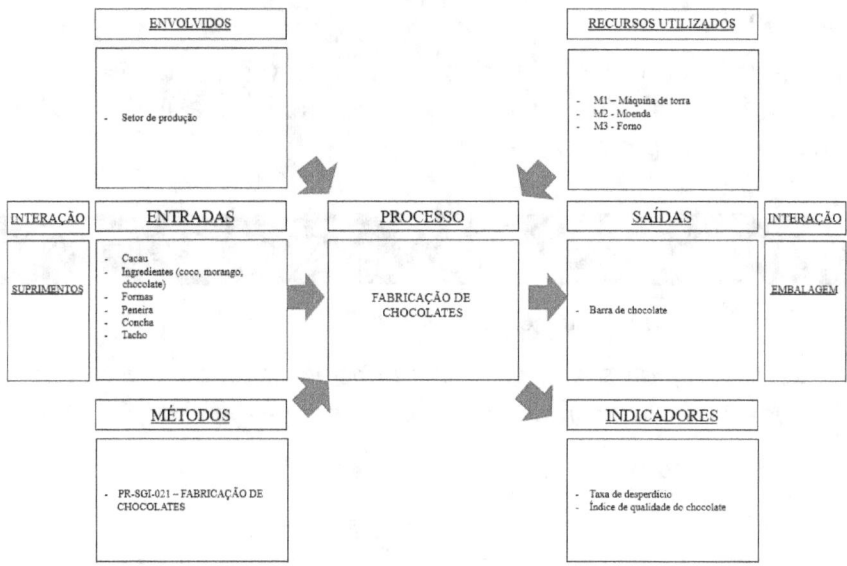

Figura 4 - Diagrama de tartaruga

Pode ser criado um diagrama para cada processo.

Já para organizar os processos principais da organização, você pode usar o Mapa de Processos (ou macrofluxo), ele funciona como uma cadeia apresentando todos os processos principais da organização.

Processos principais são aqueles que possuem vários subprocessos, por exemplo: Suprimentos é um processo muito amplo, dentro dele temos vários subprocessos como Compras, Recebimento, Inspeção, Armazenamento e Logística.

Processos de apoio são aqueles que existem na organização, mas que sem eles o produto ou serviço é realizado, porém, não com os níveis de qualidade ou segurança desejados. Suponha que uma fábrica de sapatos tenha os seguintes processos de apoio: qualidade, segurança do trabalho e recursos humanos (treinamentos), estes processos são considerados de apoio porque sem eles a fabricação de sapatos vai acontecer, porém, não teremos qualidade no produto, muitas pessoas poderão se machucar e as pessoas irão executar os processos de qualquer forma gerando desperdícios. Portanto, mesmo não sendo considerados principais, os processos de apoio também são importantes.

O mapa de processos usa como base os requisitos e a satisfação do cliente, ou seja, a empresa existe para atender os requisitos e expectativas do cliente.

COMO FAZER

Para fazer o mapa de processos:

1. Defina quais são os processos principais da organização (isso pode variar de acordo com o tipo e nicho de mercado);

2. Defina quais são os processos de apoio;

3. Identifique quais são os subprocessos.

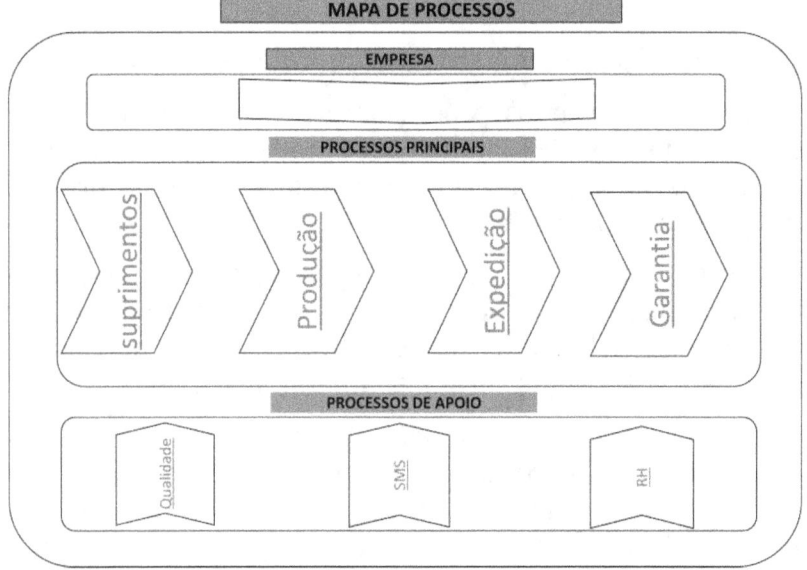

Figura 5 - Mapa de processos

A norma ISO 9001 determina ainda que a sequência de atividades do processo seja definida, ou seja, a listagem das etapas de forma ordenada. O profissional da qualidade pode usar o método de *mapeamento de processos* para encontrar a melhor sequência de atividades, evitando assim, gargalos e *gaps* que possam atrapalhar o sequenciamento.

Durante o mapeamento do processo é possível encontrar tempos excessivos de esperas, duplicidade de atividades, entre outras coisas que causam desperdícios.

A modelagem ou o desenho do processo é feito logo após seu mapeamento, pode-se usar a linguagem BPMN usando softwares como Bizagi ou usar a linguagem tradicional fazendo um fluxograma simples.

Caso queira aprender como usar o software Bizagi acesse: https://ead.petracursos.com.br/curso/bizagi-modeler .

O Fluxograma é a uma representação do processo através de figuras que facilitam o entendimento e a visualização para os usuários, você pode registrar um fluxograma como apresentado na figura a seguir.

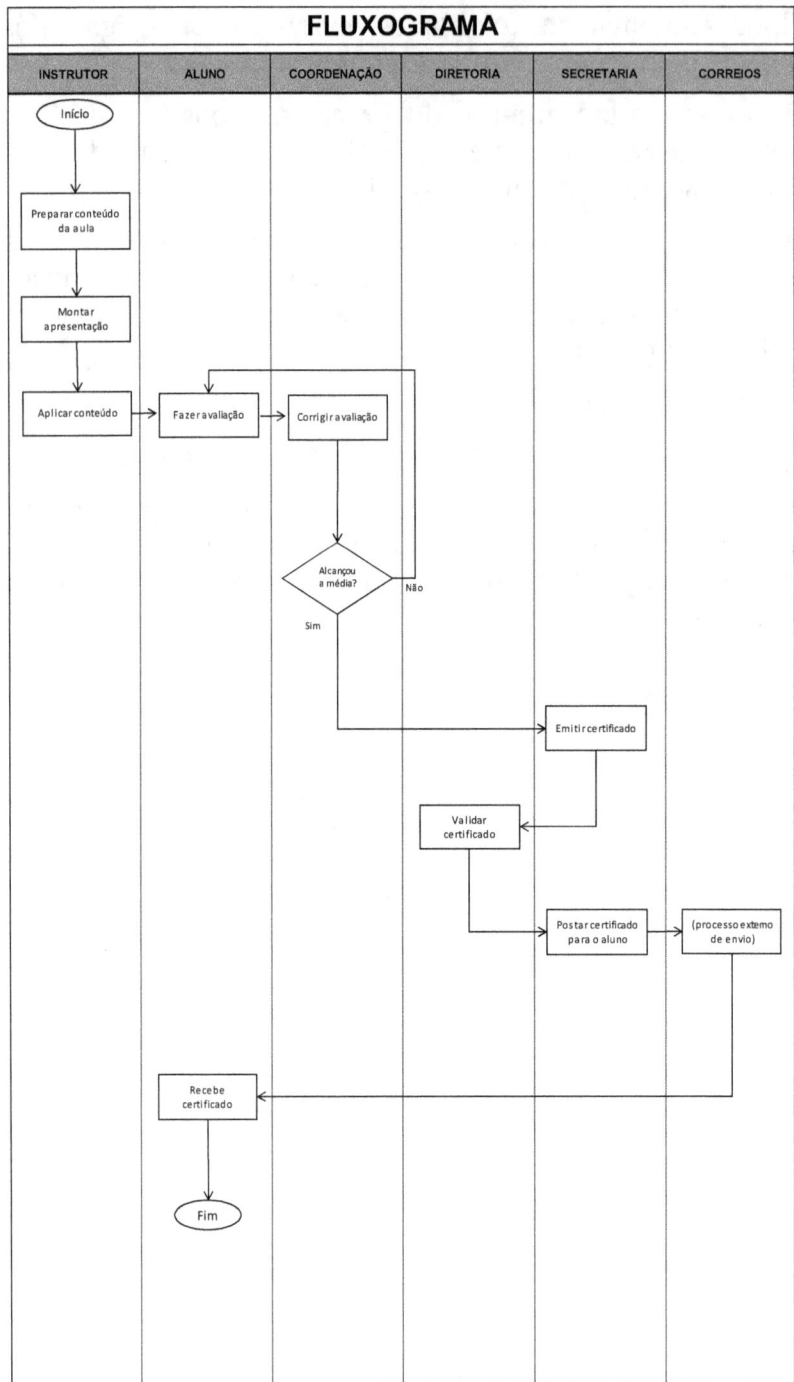

Figura 6 - Modelo de Fluxograma

SEÇÃO 5 – LIDERANÇA

5.1 – Liderança e comprometimento

> *"5.1.1 Generalidades A Alta Direção deve demonstrar liderança e comprometimento com relação ao sistema de gestão da qualidade: a) responsabilizando-se por prestar contas pela eficácia do sistema de gestão da qualidade; b) assegurando que a política da qualidade e os objetivos da qualidade sejam estabelecidos para o sistema de gestão da qualidade e que sejam compatíveis com o contexto e a direção estratégica da organização; c) assegurando a integração dos requisitos do sistema de gestão da qualidade nos processos de negócio da organização; d) promovendo o uso da abordagem de processos e da mentalidade de risco; e) assegurando que os recursos necessários para o sistema de gestão da qualidade estejam disponíveis; f) comunicando a importância de uma gestão da qualidade eficaz e de estar conforme com os requisitos do sistema de gestão da qualidade; g) assegurando que o sistema de gestão da qualidade alcance os resultados pretendidos*
> *h) engajando, dirigindo e apoiando pessoas a contribuir para a eficácia do sistema de gestão da qualidade; i) promovendo melhoria;*
> *j) apoiando outros papéis pertinentes da gestão a demonstrar como sua liderança se aplica às áreas sob sua responsabilidade."*

Para a norma ISO 9001, liderança são as pessoas que exercem funções estratégicas que possam afetar o sistema de gestão da qualidade, bem como possuem autoridade para a tomada de decisão. Dentre elas, podemos destacar a Alta direção que é formada por diretores e gerente de alto escalão, gerentes de processos, supervisores, coordenadores e líderes de equipes (encarregados).

A norma ISO 9001 entende que essas pessoas são diretamente responsáveis pelo sucesso do SGQ e, portanto, devem demonstrar comprometimento com o atendimento às expectativas dos clientes e o provimento dos recursos necessários.

É responsabilidade da liderança prestar contas dos resultados do SGQ para as partes interessadas. Nas versões anteriores da norma, a empresa elegia um representante da direção para fazer essa prestação de contas, agora, essa figura foi dissolvida para toda a liderança. Se o sistema da qualidade não apresentar resultados eficazes, a responsabilidade vai cair nas mãos de toda a liderança, essa foi a estratégia utilizada pela norma para garantir que todos estarão envolvidos no SGQ.

A norma diz ainda que a liderança deve estabelecer uma política da qualidade (vamos ver no requisito 5.2) e os objetivos da qualidade (vamos ver no requisito 6.2) para toda a organização. A política é um comprometimento que a liderança assume com o SGQ para garantir a satisfação do cliente e a melhoria dos processos, esse compromisso precisa ser mensurável através de objetivos e metas.

A liderança deve ainda garantir que os requisitos da norma sejam atendidos através dos processos da organização, criando entre eles uma interação. Nessa nova versão da norma, a mentalidade de riscos passou a ser mais abordada entre a liderança, é preciso desempenhar os processos sempre pensando nos riscos existentes que possam impedir seus resultados. Risco é a chance de alguma coisa dar errado, logo, os processos possuem uma grande variedade de riscos que precisam ser identificados e controlados pela liderança da organização.

Ter um SGQ requer investir em recursos, a norma determina que a liderança deve assegurar os recursos necessários para os processos rodarem normalmente, os recursos podem ser humanos ou materiais, isso envolve pessoas, máquinas, insumos, matéria-prima, software, entre outros. Se o SGQ não acontece por falta de recursos, a liderança será a responsável pelo fracasso. Não estou dizendo que a liderança deve ser explorada financeiramente para atender os recursos, claro que não, a empresa deve funcionar de acordo com a sua estrutura.

Outro comprometimento que a liderança deve ter é a de comunicar aos colaboradores sobre a importância do SGQ para a organização, informando que cada um tem sua parcela de contribuição no sucesso e atendimento ao cliente.

A liderança deve ainda assegurar que os resultados do SGQ sejam alcançados, os resultados podem ser vistos nos objetivos e metas da organização. Como estamos falando de comprometimento da liderança, a norma atribui aos líderes a tarefa de tornar o SGQ eficaz no atingimento dos resultados, falaremos mais sobre objetivos no requisito 6.2.

A melhoria dos processos é algo que depende de todas as pessoas da organização, independentemente do nível hierárquico, portanto, a norma ISO 9001 atribui à liderança a tarefa de engajar as pessoas para o atendimento dos requisitos e assim alcançar a melhoria desejada. Esse engajamento pode ser via campanhas, treinamentos, reuniões, incentivos etc. Com pessoas tendo a mesma visão será mais fácil atingir os resultados e melhorar os processos.

COMO FAZER

Esse é um requisito para conscientização da liderança, mas é possível tomar algumas ações:

1. Como liderança, consulte a equipe da qualidade e peça a lista dos recursos necessários para o SGQ.

2. Analise a viabilidade e libere os recursos necessários.

3. Solicite os resultados dos indicadores do SGQ, analise e apresente aos colaboradores (via reunião, e-mail ou qualquer outra forma que possa ser evidenciada).

4. Busque um método de fazer com que os colaboradores conheçam o "todo" do processo ou quem são os clientes.

5.1.2 – Foco no cliente

"A alta direção deve demonstrar liderança e comprometimento com relação ao foco no cliente, assegurando que: a) os requisitos do cliente e os requisitos estatutários e regulamentares pertinentes sejam determinados, entendidos e atendidos consistentemente; b) os riscos e oportunidades que possam afetar a conformidade de produtos e serviços e a capacidade de aumentar a satisfação do cliente sejam determinados e abordados; c) o foco no aumento da satisfação do cliente seja mantido.

Por trás de toda organização sempre existe um cliente em busca de satisfazer suas necessidades, até aquelas sem fins lucrativos. É o cliente que impulsiona a razão de ser de uma empresa, é por ele que a organização faz investimentos, melhora seus processos e produtos, aumenta a qualidade e busca atender suas expectativas. Sabendo disso, a norma ISO 9001 chama a atenção da liderança para este tema, determinando que o cliente deve sempre ser visto com bons olhos.

A alta direção deve demonstrar comprometimento com o cliente e assegurar que:

- Os requisitos do cliente sejam determinados, a empresa precisa entender *o que* o cliente está querendo, quando ele não especificar, a organização deve buscar compreender melhor, pedir ao cliente que seja o mais claro possível para não entregar um produto ou serviço diferente do desejado.

- A alta direção deve fazer com que todos da empresa entendam os requisitos do cliente, existem funcionários que participam de uma etapa do processo, mas nem sabem para que serve, a liderança deve explicar a importância de cada etapa para atender ao requisito do cliente e até dizer quem é o cliente. Eu tive uma aluna consultora em uma usina que fornecia açúcar para a Coca-Cola, ela percebeu que os funcionários se esforçaram mais e deram o melhor de si nos processos quando souberam quem era o cliente.

- Uma vez que os requisitos são determinados e os funcionários conhecem quem são os clientes, agora vem a parte mais importante: atender suas expectativas. Quando a empresa atende os requisitos do cliente, suas expectativas são atingidas e o objetivo da norma é cumprido.

- A alta direção deve determinar quais são os riscos e as oportunidades que podem afetar a conformidade do produto ou serviço oferecido ao cliente. Existe um risco do cliente ficar insatisfeito, então a norma pede que a liderança faça um levantamento desses riscos e tome ações para evitar essa insatisfação, bem como um levantamento das oportunidades que podem aumentar a satisfação do cliente, estudaremos mais sobre esse tema no requisito 6.1 da norma ISO 9001.

- Por fim, o requisito 5.1.2 pede que a liderança mantenha um foco na satisfação do cliente, a missão aqui é fazer com que o cliente sempre saia sorrindo. O segredo para a satisfação do cliente é atender seus requisitos ou superar suas expectativas. A liderança pode criar métodos para o tratamento do cliente.

COMO FAZER

1. Obtenha a adesão da Alta direção e da liderança, faça isso através de reuniões apresentando o SGQ, seus benefícios e melhorias

2. Promova a participação da liderança em treinamentos, cursos de interpretação da norma e outros relacionados ao SGQ.

3. Integre o SGQ com os processos de negócios e estratégicos da empresa.

4. Liste todos os clientes da organização.

5. Determine as expectativas dos clientes.

6. Levante os riscos relacionados aos clientes.

7. Elabore um plano de ação para conter os riscos.

5.2 – Política da qualidade

"5.2.1 Desenvolvendo a Política da Qualidade
A Alta Direção deve estabelecer, implementar e manter uma política da qualidade que: a) seja apropriada ao propósito e ao contexto da organização e apoie seu direcionamento estratégico; b) proveja uma estrutura para o estabelecimento dos objetivos da qualidade; c) inclua um comprometimento em satisfazer requisitos aplicáveis; d) inclua um comprometimento com a melhoria contínua do sistema de gestão da qualidade.

5.2.2 Comunicando a Política da Qualidade A política da qualidade deve: a) estar disponível e ser mantida como uma informação documentada; b) ser comunicada, entendida e aplicada na organização; c) estar disponível para partes interessadas pertinentes, como apropriado."

A política da qualidade não tem nada a ver com a "politicagem" que vemos por aí, muito pelo contrário, o termo política quer dizer o ato de governar bem e está relacionado à gestão.

A política da qualidade é um compromisso feito pela empresa para atendimento dos requisitos de qualidade, trata-se de um texto se comprometendo a atender o cliente, melhorar os processos e analisar os riscos.

A norma ISO 9001 determina algumas regras para elaboração de uma política da qualidade:

- Deve ser apropriada ao contexto da organização, ou seja, deve ser uma realidade de seu propósito estratégico, não se faz uma política da qualidade por meio do copiar e colar de outra organização, cada empresa tem suas particularidades. Primeiro, entenda quem é a sua empresa, o que ela pretende estrategicamente e assim elabore a política da qualidade, seja claro e objetivo.

- A política da qualidade precisa dar margem para a mensuração do compromisso feito, ou seja, se você coloca na política da qualidade: *"atender os requisitos estatutários"* este item deve ser transformado em um objetivo a ser atendido, agora, se você colocar: *"Somos uma grande empresa"*, primeiro que isso não tem a ver com política da qualidade e segundo não seria possível mensurar através de objetivos e metas.

- Na elaboração da política da qualidade, leve em consideração a obrigatoriedade de colocar algum compromisso com a satisfação do cliente, a política deve demonstrar que você está preocupado em atender as expectativas dos clientes.

- Uma outra regra para elaboração da política da qualidade é que ela deve conter algo sobre a melhoria dos processos do SGQ.

Agora que já sabemos como uma política da qualidade deve ser elaborada, foque na sua comunicação para toda a força de trabalho. As pessoas que participam dos processos precisam ser conhecer a política da qualidade e entender o seu significado.

Entender a política da qualidade não é o mesmo que decorar o texto ou ter um crachá com ela impresso. Os funcionários precisam olhar para os tópicos da política da qualidade e dizer o que ele faz para atendê-los. Minha esposa, Shirley, sempre conta que atuava numa empresa familiar para implantação da ISO 9001 e um irmão do dono da empresa queria ser entrevistado na auditoria de certificação, então, ele passou dias tentando decorar a política e assim, quando fosse entrevistado pelo auditor de certificação, recitasse a política na ponta da língua. No dia da auditoria, essa pessoa foi muito bem-vestido e ficava sempre a mostra do auditor na esperança de ser questionado sobre a política, já perto do fim da auditoria e quase frustrado, o funcionário vai até o auditor e pergunta se ele não será auditado sobre a política, o auditor achou a atitude "bonitinha" e logo fez a pergunta de milhões: *"O que você entende da política da qualidade?"*, *"Oi? Como assim?"*, retrucou o auditado. Encurtando a história, ele se preparou para pergunta do tipo: *"Qual a política da qualidade"* e não para *"O que você entende"*, a final, ele apenas havia decorado a política da qualidade. Moral da história, o auditor nunca vai perguntar QUAL, mas O QUE você entende.

A política da qualidade pode ser divulgada através de banners, de quadros de avisos, anexada ao crachá, via e-mails, treinamentos, integração etc. Só não esqueça que os funcionários precisam compreendê-la e não somente tê-la disponível.

A norma determina que a política da qualidade esteja como informação documentada e aprovada pela direção. A aprovação é uma garantia do compromisso e de seu atendimento.

COMO FAZER

1. Confira se já fez o levantamento das partes interessadas (4.2).

2. Defina os objetivos estratégicos da empresa.

3. Monte o texto da política da qualidade observando se os itens obrigatórios foram inseridos (satisfação do cliente, melhoria de processos, partes interessadas).

Figura 7 - Modelo de Política da Qualidade

5.3 – Papéis, responsabilidades e autoridades organizacionais

> *"A Alta Direção deve assegurar que as responsabilidades e autoridades para papéis pertinentes sejam atribuídas, comunicadas e entendidas na organização.*
> *A Alta Direção deve atribuir a responsabilidade e autoridade para:*
> *a) assegurar que o sistema de gestão da qualidade esteja conforme com os requisitos desta Norma ; b) assegurar que os processos entreguem suas saídas pretendidas; c) relatar o desempenho do sistema de gestão da qualidade e as oportunidades para melhoria (ver 10.1), em particular para a Alta Direção.*
> *d) assegurar a promoção do foco no cliente na organização;*
> *e) assegurar que a integridade do sistema de gestão da qualidade seja mantida quando forem planejadas e implementadas mudanças no sistema de gestão da qualidade."*

Imagine as pessoas de uma empresa correndo de um lado para o outro sem saber o que fazer: *"Quem aprovou essa compra?"*, *"Como já liberaram sem me avisar?"*, *"Quem é responsável por responder ao cliente?"*, *"Quem te deu permissão para parar a produção?"*. Isso acontece quando não há uma clara definição de autoridades e responsabilidades na organização. Preocupada que isso possa afetar o SGQ, a norma ISO 9001 determina que a alta direção defina os papéis de cada um na empresa.

Na prática, geralmente essa definição é feita pela área de Recursos Humanos, a norma cita esse tema na seção 5, porque quer que a liderança se envolva no processo.

Responsabilidade é o que as pessoas *DEVEM* fazer, são atribuições de cada pessoa, todos na empresa possuem responsabilidades. Já a definição de Autoridade está relacionada ao que as pessoas *PODEM* fazer sem pedir permissão a ninguém, neste caso, nem todos na empresa possuem autoridades. É isso que a norma quer, que cada função tenha suas autoridades e responsabilidades definidas.

Tão importante quanto definir e atribuir as autoridades e responsabilidades é a comunicação e o entendimento por parte dos funcionários, a norma determina que todas as pessoas sejam informadas sobre suas autoridades e responsabilidades, é importante manter uma evidência dessa comunicação. Eu já fui notificado com uma não conformidade em auditoria de manutenção simplesmente porque não tínhamos a evidência da comunicação das autoridades e responsabilidade de três pessoas no processo de produção, e de fato, não havíamos feito a comunicação para eles.

A norma ISO 9001 não está preocupada com a equiparação salarial dos funcionários, ela se preocupa do produto ou serviço ser afetado por falta de determinação de autoridades e responsabilidades.

Certa vez, eu fazia auditoria em uma empresa do setor automotivo e a responsável pelo RH disse que não divulgava as responsabilidades entre os funcionários, porque tinha medo de que eles usassem isso contra a empresa em um possível processo futuro (desvio de função), sinceramente não vejo motivos para esse medo, qual o problema dos funcionários saberem o que devem ou não fazer? Sim, apliquei a não conformidade.

Há duas formas de atender esse requisito, a primeira é deixando para o setor de Recursos Humanos fazer via formulário de descrição de cargos (veremos mais detalhes no requisito 7.2), a segunda é criando uma Matriz de Autoridade e Responsabilidade, onde em uma coluna colocam-se as funções e nas demais as autoridades e responsabilidades.

COMO FAZER

1. Pegue com o RH ou departamento pessoal a lista com os nomes e funções de todos os funcionários.

2. Determine as autoridades e responsabilidades de cada um (consulte os gestores).

3. Peça ajuda à equipe de RH. No requisito 7.2 vou trazer mais detalhes.

MATRIZ DE RESPONSABILIDADES POR FUNÇÕES																				
ATIVIDADES BÁSICAS RELACIONADAS COM O SISTEMA DE GESTÃO	Gerente do Projeto	Gerente Adm./Financeiro	Gerente de Produção Mecânica	Gerente de Produção Civil	Coordenador de Planejamento, Medição e Engenharia	Coordenador de SMS	Coordenador de Meio Ambiente	Coordenador da Qualidade	Chefe de RH	Almoxarifado	Comprador PL	Supervisores	Encarregados	Desenhista	Médico do Trabalho	Téc./Aux./Estagiário Téc. de segurança do trabalho	Téc. de Meio Ambiente	Técnico de Gestão	Assistente e Téc. Doc.	Inspetores
A) DOCUMENTAÇÃO DO SISTEMA DE GESTÃO																				
Administração das revisões sobre procedimentos e outros controles operativos relacionados com o Sistema de Gestão.	X					X	X	X											X	X
Solicitar e implementar a Biblioteca de Procedimentos da Rapadura TREND no Projeto.	X																		X	X
Controle de Normas Técnicas Externas de aplicação ao Projeto.	X						X	X											X	X
Controle da Documentação Técnica do Projeto (Planos, especificações técnicas, etc)						X													X	X
Administração da Ficha Técnica e Programa de Segurança.						X										x			X	
Administração dos registros relacionados com QSMS (PAC, Relatórios Acontecimento, registros capacitação, designação EPP, Relatórios de Aspectos Ambientais, Avaliações de Risco, etc)						X	X	X								X	X	X	X	
Gestão dos Documentos da SA 8000 / 2001						x		X												

Figura 8 - Matriz de autoridade e responsabilidade

SEÇÃO 6 – PLANEJAMENTO

6.1 – Ações para abordar riscos e oportunidades

> *6.1.1 Ao planejar o sistema de gestão da qualidade, a organização deve considerar as questões referidas em 4.1 e os requisitos referidos em 4.2, e determinar os riscos e oportunidades que precisam ser abordados para: a) assegurar que o sistema de gestão da qualidade, possa alcançar seus resultados pretendidos; b) aumentar efeitos desejáveis; c) prevenir, ou reduzir, efeitos indesejáveis; d) alcançar melhoria. 6.1.2 A organização deve planejar: a) ações para abordar esses riscos e oportunidades; b) como: 1) integrar e implementar as ações nos processos do seu sistema de gestão da qualidade (ver 4.4); 2) avaliar a eficácia dessas ações. Ações tomadas para abordar riscos e oportunidades devem ser apropriadas ao impacto potencial sobre a conformidade de produtos e serviços.*

Há menos que você tenha recebido um dom de prever o futuro, o que acho improvável, não temos como saber o que vai acontecer amanhã com os processos da organização. O futuro é incerto para todas as empresas, ainda mais com as mudanças que estão ocorrendo no mercado. O que era fácil de fazer ontem, está mais complicado hoje, e certamente amanhã estará ainda mais difícil. Então, como ter certeza de que o processo vai alcançar os resultados?

As empresas convivem com os riscos diariamente, são ameaças vindo de todos os lados que se concretizadas podem pôr tudo a perder na organização.

Risco é a incerteza de um resultado, não espere eliminar cem por cento dos riscos, isso não vai acontecer. O que você pode fazer é conter ou controlar esses riscos para que eles não se concretizem, porém, só é possível confrontar os riscos se você os conhecer, saber exatamente onde estão ou onde podem aparecer.

Preocupada com os efeitos que os riscos podem causar no SGQ, a norma ISO 9001 traz uma mentalidade que deve ser implementada em todos os processos.

No requisito 6.1, a organização precisa fazer um levantamento de todos os riscos que possam afetar os processos, podemos usar como base para este levantamento, o contexto da organização, ou seja, os fatores internos e externos que possam afetar o SGQ (requisito 4.1). Se para atendimento do requisito 4.1 você já fez uma análise de SWOT, maravilha! Agora, é só pegar o que foi definido como fraqueza e ameaça e dizer qual o risco relacionado.

Suponha que foi levantado como fraqueza a pouca mão de obra qualificada no local.

- *Quais são os riscos que isso pode levar para o processo?*

Se foi levantada uma ameaça externa de pirataria do seu produto:

- *Quais os riscos para a empresa?*

É importante também usar como base o requisito 4.2 da norma que fala sobre as partes interessadas, o que pode acontecer e fazer com que você não atenda as expectativas?

A organização deve definir os riscos relacionados aos objetivos, metas, procedimentos, fluxos (processos), planejamentos etc.

Mas, o requisito 6.1 não pede somente para fazer um levantamento dos riscos, se as ações não forem definidas, todo esse levantamento será ineficaz, ou seja, ações de contenção devem definidas para evitar que os riscos se concretizem.

As ações de contenção são fundamentais para garantir que os processos irão atender seus propósitos. Para cada risco podemos elaborar mais de uma ação, isso vai depender da gravidade e criticidade do risco.

Ações são planejamentos bem elaborados para atingir os riscos, já vi muitos profissionais frustrados por não conseguir evitar um risco, isso acontece quando a ação não atinge a causa raiz do risco. Você deve estar pensando: *"Esse cara não está falando coisa com coisa, onde já se viu analisar causa raiz de risco que nem aconteceu ainda?"*, e se eu te falar que é possível investigar as *possíveis* causas de um problema que ainda não aconteceu? Investigar a origem do risco é fundamental para contermos seu avanço.

Tomar ações impensadas só consome os recursos da empresa e não resolve o problema. O risco aparece por um motivo, então, investigue qual é a causa e aja sobre ela (ainda vou mostrar como fazer análise de causa raiz de um problema).

Digamos que as ações foram definidas e já estão descritas em um documento, e agora? Agora vamos para a implementação das ações, ou seja, operacionalizar o planejamento, vamos fechar as brechas para o risco não virar realidade. Não crie ações apenas para preencher um formulário, o risco existe e se não for combatido vai ferir o processo.

Este mesmo requisito fala sobre oportunidades, da mesma forma que você levantou os riscos para cada processo e determinou suas ações, faça para as oportunidades.

As oportunidades surgem tanto nos momentos de bonança quando nos momentos de dificuldades.

Suponha que sua empresa é ramo alimentício de massas, porém, saiu uma pesquisa na sua cidade onde as pessoas estão se alimentando cada vez mais com produtos naturais, isso seria um risco para o seu negócio de massas, mas também seria uma excelente oportunidade para seu negócio de alimentos investir numa nova linha de produtos.

Existem oportunidades que surgem de adversidades, empresas que possuem um alto desperdício de materiais costumam usar essas sobras para aplicação em outros tipos de produtos.

Exemplos de oportunidades:
- Lançamento de um novo produto
- Conquista de um novo nicho de mercado
- Conquista de novos clientes
- Mudanças nos métodos dos processos etc.

Se você fez a análise de SWOT apresentada no requisito 4.1 já terá o levantamento dessas oportunidades, agora é só dizer quais são os benefícios para a empresa e determinar quais serão as ações para alcançar essas oportunidades.

É importante deixar claro que a norma ISO 9001 não exige sistema robusto de Gestão de Riscos (embora isso seja uma boa, se quiser aprender sobre ISO 31000 gestão de riscos acesse: https://ead.petracursos.com.br/curso/iso-31000-gestao-de-riscos.

Existem várias ferramentas no mercado que podem te ajudar a controlar os riscos, como é o do FMEA ou da Planilha de WHAT-IF (E SE).

COMO FAZER

1. Liste as fraquezas, ameaças e oportunidades (aproveite a Análise de SWOT).

2. Defina o risco (na planilha de What-if seria a coluna "O que aconteceria se".

3. Analise o efeito do risco.

4. Defina a chance (probabilidade) desse risco acontecer numa escala de 1 a 5.

5. Defina a gravidade do efeito numa escala de 1 a 5.

6. Defina o grau do risco multiplicando a probabilidade pela gravidade (Risco = Probabilidade x Gravidade).

7. Informe qual o controle atual, ou seja, o que está sendo feito atualmente para conter esse risco.

8. Defina a ações para reforçar o controle atual.

9. Monte o plano de ação para implementação das ações.

Critérios: ■ de 1 a 8 = risco baixo   □ de 9 a 16 = risco

PROCESSO/ETAPA	O QUE ACONTECERIA SE	EFEITO	Probabilidade (1 a 5)	Gravidade (1 a 5)	RISCO
Captação de participantes	Não houvesse público mínimo de 10 participantes?	* O curso não acontece * Devolução de quem pagou * Inscritos não retornarão	3	3	9
Elaboração da apresentação	A apresentação não ficasse pronta a tempo?	* O curso perderá a qualidade em termos de metodologia e não atenderá as expectativas dos participantes.	1	4	4
Confecção do material didático	As apostilas fossem impressas com falhas?	* A PETRA perderia credibilidade perante os participantes fazendo com que não voltem a fazer outros cursos.	4	5	20

Figura 9 - Planilha de What-if (página 1)

o médio   ■ de 17 a 25 = risco alto

CONTROLES ATUAL	AÇÕES RECOMENDADAS	RESP.	PRAZO	Implantado em	Nova Probabilidade (1 a 5)	Nova Gravidade (1 a 5)	Risco residual
Divulgação com antecedência mínima de 60 dias	Se 30 dias antes do curso não tiver pelo menos 50% do público mínimo, visitar universidades e empresas.	Cássio	10/09/2021	15/09/2021	2	2	4
Apresentação iniciada logo que o curso é divulgado	Só lançar e divulgar um curso quando a apresentção já estiver com pelo menos 70% pronta.	Renata	dd/mm/aaaa	SIM	1	4	4
N/A	Imprimir e verificar o material com pelo menos uma semana antes do evento.	Cássio	dd/mm/aaaa	SIM	3	4	12

Figura 10 - Planilha de What-if (página 2)

6.2 – Objetivos da qualidade e planejamento para alcançá-los

> *"6.2.1 A organização deve estabelecer objetivos da qualidade nas funções, níveis e processos pertinentes necessários para o sistema de gestão da qualidade. Os objetivos da qualidade devem:*
> *a) ser coerentes com a política da qualidade;*
> *b) ser mensuráveis; c) levar em conta os requisitos aplicáveis;*
> *d) ser pertinentes para a conformidade de produtos e serviços e para aumentar a satisfação do cliente; e) ser monitorados;*
> *f) ser comunicados; g) ser atualizados como apropriado.*
> *A organização deve manter informação documentada sobre os objetivos da qualidade. 6.2.2 Ao planejar como alcançar seus objetivos da qualidade, a organização deve determinar: a) o que será feito; b) quais recursos serão requeridos; c) quem será o responsável; d) quando isso será concluído; e) como os resultados serão avaliados."*

A personagem Alice de *"Alice no país das maravilhas"* está numa encruzilhada e pergunta ao gatinho sobre qual caminho deve seguir, ele retruca e pergunta para onde ela quer ir, Alice diz que não sabe, então, o gatinho diz a célebre frase usada em muitos treinamentos: *"Se você não sabe pra onde ir, qualquer caminho serve"*. Assim, são os processos que não possuem objetivos e metas bem definidos, qualquer resultado será considerado aceitável, afinal, não foi definido nenhum parâmetro. Em um processo de vendas, por exemplo, se a meta não for definida qualquer resultado de aumento seria aceitável, mesmo que fosse de apenas um centavo.

Objetivo é aquilo que queremos alcançar de forma abrangente, por exemplo: *aumentar a produção no próximo período*. Note que aumentar a produção é um objetivo macro, simplesmente dissemos que *queremos aumentar* a produção, aqui não está implícito *o quanto deseja-se aumentar*.

É comum em minhas mentorias e auditorias, encontrar pessoas e empresas apenas com esse tipo de objetivo, no exemplo anterior, se eu aumentar a produção de apenas um produto no ano já estaria bom, afinal, não determinamos uma meta.

O objetivo só faz sentido com a meta e a meta só vai existir por causa do objetivo. Meta é a mensuração de um objetivo, é onde queremos chegar, se a *Alice* tivesse dito que queria chegar ao castelo teria estabelecido um norte e o gatinho teria lhe dado o caminho. A meta, obrigatoriamente precisa ser mensurável, isso pode ocorrer via número inteiro, decimal, percentual ou até em formato de texto, o que importa é que ela precisa dizer exatamente onde queremos chegar, por exemplo: *aumentar a produção em 10% no próximo período*.

Existe uma técnica muito utilizada por empresas para definir as metas, a famosa métrica *SMART*, essa técnica sugere que a meta seja:

- **ESPECÍFICA**: Clara e objetiva, sem espaços para ambiguidade ou interpretação duvidosa, precisamos ir direto ao ponto.

Exemplo de meta não específica: "Melhorar o atendimento em 10%".

Qual atendimento? Em que período?

- **MENSURÁVEL**: Não existe meta sem a mensuração, para ser uma meta ela precisa de um alvo, saber onde quer chegar.

- **ALCANÇÁVEL**: Este terceiro requisito é interessante porque vai tratar de quanto deve ser a mensuração da meta. Há profissionais que exageram na meta e coloca 100%, cuidado que este tipo de definição pode ser traiçoeiro, pois num universo de 1000 clientes, se apenas um estiver insatisfeito você terá um resultado de 99,9%, ou seja, não atingiu a meta. Entendo que você queria o máximo possível, mas 100% eliminam sua margem de erro, o ideal nesses casos é colocar 95%, deixando uma margem de 5% para imprevistos. Por outro lado, colocar uma margem muito baixa cria uma falsa sensação de sucesso, ou seja, suponha que se o processo tem recursos para alcançar médias de 85%, não coloque a meta de 70% só para ficar bonito no gráfico. A meta deve ser realista e alcançável com base nos recursos disponíveis.

- **RELEVANTE**: Uma meta relevante é aquela que mede o desempenho do processo. Suponha que estamos no processo de fabricação de mesas e como única meta foi colocada a redução em 50% dos copos descartáveis utilizados para tomar o café, onde isso vai medir o desempenho do processo? Essa meta seria importante para o processo de consumo de resíduos em meio ambiente, mas não para o processo de fabricação de mesas.

- **TEMPORAL**: Para concluir a métrica SMART, temos a questão temporal das metas, observe: *"Aumentar as vendas em 10%"*, se pararmos por aí nossa meta não estará completa, *até quando eu devo alcançar esses 10%?* na próxima semana, no próximo mês, no próximo ano, ou nos próximos 10 anos? Toda vez que for definir a meta não esqueça da questão temporal.

Para medir o desempenho de uma empresa, os objetivos e metas ainda não são suficientes, você precisa fechar a tríade com os indicadores. Os indicadores são responsáveis por mostrar se atingimos as metas, sem ele, não será possível ter certeza se o processo chegou aos 10% no aumento da produção.

Os indicadores são formados por várias características, entre elas, o algoritmo que é considerado o coração dos indicadores. Os algoritmos são as fórmulas que calculam o resultado, sem as metas, os indicadores não fariam sentido.

Se você quer aprender a montar um Sistema de Medição de Desenho com a criação de indicadores e Dashboards, acesse o link a seguir ou aguarde o segundo livro dessa série KPI – Indicadores de Desempenho: https://ead.petracursos.com.br/curso/kpi-indicadores-de-desempenho .

A norma ISO 9001 determina que os objetivos da qualidade sejam:

- **Coerentes com a política da qualidade**: já falamos que a política da qualidade deve ser uma declaração de compromisso da organização com o SGQ e que precisa ser mensurável, pois bem, aqui é o momento de transformar a política em objetivos, por exemplo, se na política diz que a organização tem o compromisso de satisfazer o cliente, logo, um dos objetivos deveria ser: *OBTER A SATISFAÇÃO DO CLIENTE*.

- **Ser mensurável:** a norma quer deixar claro que os objetivos precisam ter uma meta, então, *OBTER A SATISFAÇÃO DO CLIENTE EM 90% A CADA PERÍODO*.

- **Levar em conta requisitos aplicáveis:** ao determinar os objetivos da qualidade, leve em consideração os requisitos do cliente, os requisitos dos processos (procedimentos), os requisitos das partes interessadas e os requisitos do produto/serviço.

- **Ser monitorada, comunicada e atualizada:** ao criar os objetivos, metas e indicadores, a organização deve fazer o monitoramento dos resultados, saber se as metas estão sendo alcançadas, essa análise pode ser feita periodicamente. Uma vez que os resultados e a análise estão disponíveis, o profissional responsável deve fazer a comunicação desses resultados em toda a organização, podendo ser via reuniões, quadros de gestão a vista, e-mail, entre outros. O painel gráfico (dashboard) deve estar acessível e de fácil interpretação. Sobre a atualização, a norma refere-se a manter os objetivos atuais e remover aqueles que não agregam valor aos processos, às vezes a empresa alimenta e mantém um indicador que não tem mais serventia para o processo, nestes casos, os objetivos devem estar atualizados.

A organização deve manter informação documentada dos indicadores, ou seja, precisam estar devidamente registrados em planilha ou sistema informatizado.

Em nossos cursos de auditoria, há sempre a mesma pergunta: *"Posso aplicar uma não conformidade se algum objetivo não alcançou a meta?"*, a norma não condena o sistema pelo fato de não ter atingido um resultado, mas sim pela ausência de um plano de ação para investigar e recuperar o processo.

Quando um resultado não for atingido, você deve elaborar um planejamento de ação levando em consideração o que será feito, quais recursos serão necessários, quem será o responsável, quando essa ação será implementada e como os resultados serão reavaliados. Aconselhamos usar a ferramenta de *5W2H* que atende perfeitamente esse requisito da norma, há empresas que integram essa ferramenta na própria planilha de controle dos objetivos.

COMO FAZER

1. Defina os objetivos e metas de todos os processos da empresa (um processo pode ter vários objetivos e metas).

2. Verifique se os objetivos da política da qualidade foram definidos.

3. Crie os indicadores dos objetivos e metas.

4. Registre os indicadores e metas, use o modelo apresentado na figura 12 – Ficha de indicadores.

5. Registre os resultados para servir como evidência, use o modelo apresentado na figura 11 – Controle de objetivos e metas.

ITEM	PROCESSO	OBJETIVO	INDICADOR DE DESEMPENHO	META	RESULTADO											
					JAN	FEV	MAR	ABR	MAI	JUN	JUL	AGO	SET	OUT	NOV	DEZ
1	GESTÃO DA QUALIDADE	SATISFAÇÃO DO CLIENTE	ÍNDICE DE SATISFAÇÃO DO CLIENTE (Nº aprovado / Nº total) *100	90%	90%	92%	89%	90%	95%	93%	95%	80%	90%	92%		
2	INSPEÇÃO FINAL DO DE VEÍCULO	APROVAÇÃO NA ENTREGA DO VEÍCULO MODIFICADO	ÍNDICE DE APROVAÇÃO (Nº itens aprovados / Nº total de itens inspecionados) *100	95%												
3	GARANTIA	ATENDIMENTO DE GARANTIA	ÍNDICE DE ATENDIMENTO AOS CHAMADOS DE GARANTIA (Nº de chamados em Garantia / Nº Total de chamados resolvidos de Garantia) *100	95%												

Figura 11 - Controle de objetivos e metas

	FICHA DE INDICADORES	Cód.:
		Rev.

PROCESSO:

INDICADOR:

OBJETIVO DO INDICADOR

META

ALGORITMO (como se calcula)

COLETA (onde se coletam as informações)

PERIODICIDADE DO INDICADOR (periodicidade para apresentar os resultados)

VISUAL GRÁFICO (qual o gráfico utilizado para esse indicador)

Figura 12 - Ficha de indicadores

6.3 – Planejamento de mudanças

> *"Quando a organização determina a necessidade de mudanças no sistema de gestão da qualidade, as mudanças devem ser realizadas de uma maneira planejada e sistemática (ver 4.4). A organização deve considerar:*
> *a) o propósito das mudanças e suas consequências;*
> *b) a integridade do sistema de gestão da qualidade;*
> *c) a disponibilidade dos recursos; d) a alocação ou realocação de responsabilidades e autoridades."*

Mudar é algo comum dentro das organizações e me atrevo a dizer que as mudanças são necessárias. A norma ISO 9001 não impede que as empresas façam mudanças, aliás, na seção 10 ela até reforça a importância de se fazer melhorias.

Observando o requisito 6.3, percebemos que o problema não está na mudança, mas na falta do planejamento. Sim, nem toda mudança traz benefício para a empresa, uma mudança malsucedida acarreta perdas de recursos. Para tanto, a norma ISO 9001 determina que toda mudança que possa impactar o SGQ seja planejada de forma sistemática.

Planejar uma mudança é analisar os riscos, ou seja, listar tudo o que poderia dar errado nas etapas de implementação.

A norma diz que ao fazer esse planejamento, a organização deve analisar o propósito e as consequências dessas mudanças. Nem toda mudança traz benefícios e é por isso que precisamos analisar e planejar com segurança.

Outra preocupação da norma em relação às mudanças é quanto aos recursos disponíveis para tal, de nada adianta imaginar uma série de mudanças sem um planejamento dos recursos necessários. As mudanças podem ainda alterar autoridades e responsabilidades de pessoas ligadas aos processos, por isso, a norma pede que este item seja incluído no planejamento.

As mudanças podem ser básicas, moderadas ou avançadas, quanto maior o nível da mudança mais detalhado e cuidadoso deve ser o planejamento.

COMO FAZER

1. Identifique as necessidades de mudanças que podem impactar o SGQ.

2. Defina o grau de impacto da mudança: Leve, moderado ou alto.

3. Verifique a disponibilidade de recursos disponíveis para a mudança.

4. Faça um levantamento dos riscos relacionados às mudanças.

ITEM	MUDANÇA SIGNIFICATIVA	MOTIVO DA MUDANÇA	RISCOS	AÇÕES DE CONTENÇÃO	RESPONSÁVEL	STATUS

Figura 13 - Planejamento de mudanças

SEÇÃO 7 – APOIO

A seção 7 da norma ISO 9001 vai falar sobre os apoios necessários para que os processos atinjam os resultados.

7.1 – Recursos

Neste requisito, são apresentados os recursos necessários para o bom desempenho do sistema de gestão da qualidade como pessoas, infraestrutura, ambiente, equipamentos de medição, conhecimento e outros.

7.1.1 - Generalidades

> *"A organização deve determinar e prover os recursos necessários para estabelecimento, implementação, manutenção e melhoria contínua do sistema de gestão da qualidade. A organização deve considerar:*
> *a) as capacidades e restrições de recursos internos existentes;*
> *b) o que precisa ser obtido de provedores externos."*

Ao iniciar a implementação do SGQ, a organização precisa fazer um levantamento de tudo que será necessário para o bom andamento do sistema. Esse levantamento deve incluir os recursos para implementação, manutenção e melhoria contínua.

- *Atualmente, quais são os recursos disponíveis?*
- *Será necessário recurso externo?*
- *Existe alguma restrição por parte da empresa em relação a aquisição de recursos?*
- *O que será preciso de fornecedores externos?*

Eu estaria mentindo se dissesse que a implantação de um SGQ não vai ter investimentos, pelo contrário, a empresa precisa estar disposta a implementar os recursos necessários. Saiba que todo investimento deve ter retorno, com a qualidade não é diferente. O que a empresa investir vai retornar de forma direta ou indireta (mais clientes, mais confiabilidade, menos desperdícios etc.).

> **COMO FAZER**
>
> *1. Faça um autodiagnóstico do sistema de gestão da qualidade.*
>
> *2. Liste os recursos necessários para o SGQ.*
>
> *3. Defina quais recursos externos serão necessários (fornecedores, consultores etc.).*

7.1.2 - Pessoas

> *"A organização deve determinar e prover as pessoas necessárias para a implementação eficaz do seu sistema de gestão da qualidade e para a operação e controle de seus processos."*

A menos que sua empresa seja 100% formada por robôs, você vai precisar de pessoas nem que seja para apertar os botões. A norma ISO 9001 determina que ao implantar o SGQ, a organização deve fazer um levantamento das pessoas necessárias para assumir os postos em cada um dos processos.

> **COMO FAZER**
>
> *1. Liste a quantidade de pessoas e as funções necessárias para cada processo (peça ajuda aos gestores dos processos e ao RH).*

7.1.3 - Infraestrutura

> *"A organização deve determinar, prover e manter a infraestrutura necessária para a operação dos seus processos e para alcançar a conformidade de produtos e serviços."*

Os recursos de infraestrutura dependem do escopo e do porte da organização, a norma determina que seja feito um levantamento e provisão de toda infraestrutura necessária para o bom andamento dos processos.

A infraestrutura inclui edifícios, máquinas, equipamentos, ferramentas, licenças de softwares, transporte, computadores, telefonia etc., isso não quer dizer que a empresa precisa prover tudo isso.

O tamanho do investimento na infraestrutura varia de acordo com o ramo de negócios, empresas do setor alimentício, por exemplo, vão precisar de muitas máquinas e equipamentos para manter seus produtos longe de contaminantes.

COMO FAZER

1. Faça um levantamento da infraestrutura atual e compare com a infraestrutura necessária para o SGQ.

2. Anote os pontos necessários para melhoria e apresente para a Alta direção, sempre justificando que a falta de determinadas infraestruturas pode afetar o SGQ.

7.1.4 - Ambiente para operação de processos

"A organização deve determinar, prover e manter o ambiente necessário para a operação de seus processos e para alcançar a conformidade de produtos e serviços."

A norma ISO 9010 não está preocupada com o bem do funcionário, na verdade ela está preocupada se o produto será afetado por causa das condições ambientais (o que inclui o funcionário), para isso, a norma diz que a organização deve prover e manter um ambiente adequado para a realização do produto/serviço.

Nas notas do requisito são citados exemplos como:

- social (não discriminatório)
- psicológico (sem estresse, não exaustivo)
- físico (temperatura agradável etc.).

A norma entende que se o funcionário sofrer com algum tipo de problema relacionado ao ambiente de trabalho, consequentemente o produto/serviço também será afetado.

Então, a empresa precisa investir em um local adequado para realização dos processos, lembre-se dos requisitos 5.1 e 7.1.3 que mostram que a direção deve prover a estrutura necessária para o bom andamento das atividades.

7.1.5 – Recursos de monitoramento e medição

> *"7.1.5.1 Generalidades. A organização deve determinar e prover os recursos necessários para assegurar resultados válidos e confiáveis quando monitoramento ou medição for usado para verificar a conformidade de produtos e serviços com requisitos. A organização deve assegurar que os recursos providos: a) sejam adequados para o tipo específico de atividades de monitoramento e medição assumidas; b) sejam mantidos para assegurar que estejam continuamente apropriados aos seus propósitos.*
> *A organização deve reter a informação documentada apropriada como evidência de que os recursos de monitoramento e medição sejam apropriados para os seus propósitos."*

Neste requisito, a norma ISO 9001 vai falar sobre a questão do processo de medição e da calibração dos equipamentos. É importante salientar que não serão tratadas questões de metrologia ou de como fazer a calibração, o requisito restringe-se apenas ao controle e necessidade dos equipamentos de medição apresentarem os resultados corretos.

Imagine dois paquímetros medindo uma mesma peça:

PAQUÍMETRO 1	PAQUÍMETRO 1
1,45 mm	1,61 mm

O primeiro paquímetro apresenta um resultado de 1,45 mm e o segundo apresenta o resultado de 1,61 mm. Qual deles está falando a verdade? No controle de qualidade isso seria inaceitável, é bem verdade que esses resultados diferentes podem ser ocasionados por outros fatores como temperatura no local da verificação e a falhas do operador responsável por fazer a medição (não saber usar o equipamento, por exemplo). O estudo completo é feito através de um estudo chamado:

MSA – Análise do Sistema de Medição (https://ead.petracursos.com.br/curso/msa-analise-de-sistemas-de-medicao), mas aqui no livro, vamos considerar que o problema está no equipamento de medição, ou seja, a falta de calibração.

Já que o assunto será calibração, algumas pessoas me perguntam se calibração e aferição são a mesma coisa, na verdade há uma diferença conceitual:

- *Aferição* é o processo de fazer a calibração, por exemplo, o metrologista pega o equipamento a ser calibrado, pega seu instrumento padrão, põe na bancada, conecta nos sistemas de calibração e continua o processo até que o equipamento a ser calibrado esteja com os resultados o mais próximo possível do padrão.
- *Calibração* é o equipamento de medição que está com os resultados ajustados, ou seja, o mais próximo da realidade. Durante a calibração, o equipamento passa por diversos testes (ou simulações de medições em suas faixas).

A empresa precisa prover os equipamentos de medição necessários para o bom andamento dos processos. Um equipamento de medição é um instrumento utilizado para fazer algum tipo de medida, seja dimensional, temperatura, massa, pressão etc.

O processo é que vai determinar quais equipamentos você deve utilizar, por exemplo, ao trabalhar com medidas dimensionais, uma empresa poderá ter várias trenas ou vários paquímetros. O que não pode é deixar de fazer a medição com os equipamentos calibrados.

A resolução ou discriminação do equipamento é de extrema importância no processo de medição, tanto que a norma diz que os recursos de monitoramento e medição devem ser apropriados. A resolução tem a ver com a capacidade que o equipamento de medição disponibiliza, por exemplo, se você trabalha com medidas dimensionais de centésimos de milímetros, uma trena não atende, seria necessário um equipamento chamado micrômetro, ou suponha que você vai medir o peso individual de grãos de feijão, uma balança convencional não seria indicada, nesse caso, seria preciso uma balança de precisão.

Os documentos referentes ao processo de calibração dos equipamentos devem estar disponíveis (certificado de calibração, plano de calibração, controle de calibração etc.).

7.1.5.2 - Rastreabilidade de medição

> "Quando a rastreabilidade de medição for um requisito, ou for considerada pela organização uma parte essencial da provisão de confiança na validade de resultados de medição, os equipamentos de medição devem ser:
> a) verificados ou calibrados, ou ambos, a intervalos especificados, ou antes do uso, contra padrões de medição rastreáveis a padrões de medição internacionais ou nacionais; quando tais padrões não existirem, a base usada para calibração ou verificação deve ser retida como informação documentada; b) identificados para determinar sua situação; c) salvaguardados contra ajustes, danos ou deterioração que invalidariam a situação de calibração e resultados de medições subsequentes.
> A organização deve determinar se a validade de resultados de medições anteriores foi adversamente afetada quando o equipamento de medição for constatado inapropriado para seu propósito pretendido, e deve tomar ação
> apropriada, como necessário."

É importante salientar que as exigências da norma em relação aos equipamentos de medição se referem somente àqueles que têm impacto no produto e serviço, ou seja, se a empresa tiver uma balança em suas instalações e este equipamento não é usado em nenhum processo do escopo, logo, sua calibração e rastreabilidade não seriam obrigatórios.

Se o equipamento é utilizado para medir qualquer parte do processo, a empresa precisa:

- Calibrar esses equipamentos com padrões rastreáveis (RBC – Rede Brasileira de Calibração – INMETRO – Brasil);
- Definir a periodicidade da calibração;
- Montar um plano e controle de calibração;

- Identificar os equipamentos de medição;
- Preservar os equipamentos de medição contra deterioração que venha prejudicar os resultados.

Se for identificado que algum lote de produtos foi liberado usando um equipamento de medição *"suspeito"* (sem calibração), você deve segregar o lote ou tomar outra ação que dê garantias de que o produto afetado não será entregue ao cliente.

COMO FAZER

1. Faça um mapeamento dos processos que fazem parte do escopo e encontre quais etapas necessitam de medição: o mapeamento pode ser feito com base no requisito 4.4.

2. Liste quais equipamentos de medição serão necessários: Você pode montar uma planilha com base no mapeamento do processo e destacando todas as etapas para saber se alguma delas vai exigir uma medição, se sim, identifique se a medição será dimensional (medidas de metros, centímetros, milímetros), ou de temperatura, ou de massa (peso) etc.

3. Definir a resolução do equipamento: Aqui é saber qual o melhor equipamento de medição você deve utilizar, vai depender do tipo de medida que o processo exige (lembre-se do exemplo da balança de precisão que falamos anteriormente).n

4. Os equipamentos necessários precisam estar disponíveis para medição, a empresa pode comprar ou alugar, vai depender dos recursos disponíveis, mas não deixe de prover os equipamentos.

5. Definir o desvio máximo e mínimo permitido: ao ser calibrado, o equipamento de medição vai apresentar um resultado de variação. Para saber se esse erro é aceitável, você precisa definir junto ao corpo técnico da empresa qual o desvio máximo e mínimo permitido no processo. Suponha que

> *uma chapa metálica é projetada para medir 58,9 mm e a equipe técnica diz que ela pode variar até 0,5 mm, isso implica dizer que o meu paquímetro pode variar + ou - 0,5 mm, o que passar desse valor já compromete o meu produto.*
>
> *6. Montar um plano e controle de calibração: pode ser uma planilha ou um sistema informatizado que controle todos os equipamentos de medição da empresa. Nesse plano e controle devem constar os equipamentos, suas TAGs, erro máximo permitido, periodicidade da calibração, data da calibração e vencimento da calibração.*

Os equipamentos de medição precisam ser calibrados, fato. Você pode perguntar:

"Onde devo fazer essa calibração, na empresa ou em laboratório terceirizado?"

Hoje existem várias empresas que prestam esse tipo de serviço, são os chamados Laboratórios de Calibração, estes são acreditados pelo INMETRO (no caso do Brasil), para fazer suas próprias calibrações, a empresa precisaria atender uma estrutura (determinada na ISO 17025) que muitas vezes se torna inviável em face da quantidade de equipamentos disponíveis.

Só vale a pena fazer um alto investimento para montar um laboratório próprio quando a empresa tem muitos equipamentos. Alguns equipamentos como uma trena, por exemplo, até podem ser calibradas na própria empresa, visto que não demanda de equipamentos específicos.

Independente se a calibração será realizada na própria empresa ou em Laboratório terceirizado, ambos devem emitir o certificado de calibração dos equipamentos. Você deve analisar os resultados e ver se estão dentro do erro máximo permitido.

Um certificado de calibração deve conter:

- ✓ **Título** – "Certificado de calibração.
- ✓ **Nome e endereço do laboratório** e o local onde as calibrações foram realizadas, se diferente do endereço do laboratório.
- ✓ **Identificação única do certificado de calibração**. Em cada página uma identificação que confirme ser parte integrante do certificado e clara identificação do final do documento (001/22).
- ✓ **Nome e endereço do cliente**
- ✓ **Identificação do método utilizado** - É aconselhável a descrição de forma breve do procedimento de calibração adotado ou citar um procedimento.
- ✓ **Identificação do instrumento calibrado** – TAG, modelo, número de série, quando a empresa não envia esses dados, o próprio laboratório se encarrega de criar uma identificação.
- ✓ **Data da realização da calibração.**
- ✓ **Resultado da calibração com as unidades de medida** - As unidades de medida devem estar relacionadas ao sistema internacional de unidades (SI). Caso o resultado seja declarado em unidade de medida que não pertença ao SI, um fator de conversão ou tabela correspondente deve estar contido no certificado.
- ✓ **Nome, função e assinatura** ou identificação equivalente da pessoa autorizada para emissão do certificado de calibração.
- ✓ **Declaração de que os resultados se referem somente aos itens calibrados**
- ✓ **Condições ambientais em que foi executada a calibração**

- ✓ *Declaração da incerteza da medição* - A incerteza da medição deve ser declarada pontualmente, porém, é admissível que, para alguns instrumentos de medição seja declarada somente um valor de incerteza da medição o qual, é válido para todos os pontos.

- ✓ *Evidência de rastreabilidade* - Quando um certificado de calibração possuir o símbolo da Rede Brasileira de Calibração - RBC, a rastreabilidade é comprovada em função da obrigatoriedade e comprovação dos organismos de acreditação.

Após analisar o certificado de calibração, você deve validar se os resultados estão de acordo com o plano de calibração, principalmente com relação ao desvio máximo permitido. A evidência da validação pode ser uma assinatura com carimbo ou outro meio eletrônico que a empresa dispuser.

O CALIBRADOR

CERTIFICADO DE CALIBRAÇÃO

DATA DA CALIBRAÇÃO: 10/11/2021   **N° CERT.:** 032/21
DATA DA EMISSÃO: 11/10/2021

1. CONTRATANTE:
Rapadura TREND
Rua Futuro Certo, 89, Braw

2. OBJETO CALIBRADO:

Descrição:	Alicate Amperímetro	**TAG:**	AAD-001
Fabricante:	Fluke	**Série:**	15030096
Modelo:	373	**Unidade:**	A

3. PADRÃO UTILIZADO

Ident.	Descrição	Emitente	Certificado	Validade	Órgão
PD-020	Alicate Amperímetro Digital	Minipa	0851/21	out/21	RBC CAL 0297

4. PROCEDIMENTO DE CALIBRAÇÃO
A calibração foi realizada por comparação, conforme procedimento PR-090

5. CONDIÇÕES AMBIENTAIS
Temperatura : (22 ± 2) ºc

6. OBSERVAÇÕES

Os resultados apresentados referem-se a uma média de 3 leituras para cada ponto.
A incerteza expandida (U95%) relatada é baseada em uma incerteza padrão combinada,
multiplicada por um fator de abrangência K, para um nível de confiança de aproximadamente 95%.
A incerteza de medição foi determinada de acordo com a publicação EA-4/02. Os valores de K são
apresentados na tabela de resultados.

Este certificado é válido somente para o objeto discriminado no item 2.

Rua Vento Encurvado, 336, Prado, TUM TUM/VE, 50444-000, 3333 2333, ocalibrador@ocalibrador.net.br

Figura 14 - Certificado de calibração (página 1)

DATA DA CALIBRAÇÃO: 10/11/2021
DATA DA EMISSÃO: 11/10/2021

N° CERT.: 032/21

7. RESULTADO DA CALIBRAÇÃO

Faixa (V)	V.V.C	Valor indicado	Erro	Incerteza	K
200	21,2	21,1	-0,01	1,5	2
600	60,1	6	-0,01	0,4	2
6000	600,0	600,0	0	1	2

8. OBSERVAÇÕES

Valor de Referência: Valor indicado no padrão.
Média das Indicações: Média de 3 leituras do instrumento sob calibração
Tendência: Indicação - Valor de referência

Executante: _____

Este certificado é válido somente para o objeto discriminado no item 2.

Rua Vento Encurvado, 336, Prado, TUM TUM/VE, 50444-000, 3333 2333, ocalibrador@ocalibrador.net.br

Figura 15 - Certificado de calibração (página 2)

ITEM	CÓDIGO/TAG	INSTRUMENTO	FABRICANTE	PERIODICIDADE DA CALIBRAÇÃO (meses)	DESVIO MÁXIMO PERMITIDO	N.º CERTIFICADO	DATA CALIBRAÇÃO	DATA VENCIMENTO	STATUS
1	TR-001	TRENA 5 m	STARRET	12	5 mm	001/22	1/5/22	26/04/23	CALIBRADO
2									VENCIDO
3									VENCIDO
4									VENCIDO
5									VENCIDO

Figura 16 - Plano e controle de calibração

7.1.6 – Conhecimento organizacional

> *"A organização deve determinar o conhecimento necessário para a operação de seus processos e para alcançar a conformidade de produtos e serviços. Esse conhecimento deve ser mantido e estar disponível na extensão necessária. Ao abordar necessidades e tendências de mudanças, a organização deve considerar seu conhecimento no momento e determinar como adquirir ou acessar qualquer conhecimento adicional necessário e atualizações requeridas."*

Você encontra a melhor pizzaria da cidade, aquela onde a pizza é um sonho, você leva seus amigos, pede no delivery, simplesmente porque o produto é top. Porém, algo acontece e você percebe que o sabor da pizza não é mais o mesmo, a massa, o recheio, agora tudo está diferente. Você então decide reclamar e o dono da pizzaria diz que o motivo é que o pizzaiolo pediu demissão e levou consigo todo o conhecimento de como fazer a pizza dos sonhos. Essa é a preocupação da norma ISO 9001, deixar que o conhecimento organizacional vá embora com os funcionários.

O conhecimento organizacional é todo conteúdo adquirido pela empresa ao longo do tempo para execução dos processos, logo, esse conhecimento não pode ficar somente na "cabeça" dos funcionários, é preciso materializar o conhecimento através de procedimentos, fluxos, instruções de trabalhos e outros. O grande objetivo é evitar as perdas de conhecimentos.

Para atendimento deste requisito, siga os passos apresentados no requisito 4.4: procedimentos ou fluxos de cada processo.

7.2 – Competências

> "A organização deve: a) determinar a competência necessária de pessoa(s) que realize(m) trabalho sob o seu controle que afete o desempenho e a eficácia do sistema de gestão da qualidade; b) assegurar que essas pessoas sejam competentes, com base na educação, treinamento ou experiência apropriados; c) onde aplicável, tomar ações para adquirir a competência necessária e avaliar a eficácia das ações tomadas; d) reter informação documentada apropriada, como evidência de competência."

As organizações são formadas por pessoas, são elas as grandes responsáveis pelo andamento dos processos, diante disso, a norma ISO 9001 acende um alerta sobre as competências dessas pessoas, ela entende que os produtos/serviços podem ser afetados pela falta de capacidade e experiências dos funcionários.

A competência é um conjunto de habilidades e experiências, ela tem a capacidade de tornar uma pessoa apta para executar tarefas com eficiência e eficácia.

Na prática, este requisito geralmente é realizado pela equipe de Recursos Humanos que faz o controle das competências das pessoas, bem como as necessidades de treinamento.

COMO FAZER

1. Faça a lista de todas as funções da empresa, inclusive, se tiver níveis como master, pleno e júnior para a mesma função.

2. Determine as atividades que cada função deve desempenhar (fique atento para os níveis das funções).

3. Determine o tempo de experiência necessário para cada função, no Brasil é preciso tomar cuidado com a legislação para não exigir tempo de experiência além da conta (na dúvida consulte o CBO – Cadastro brasileiro de ocupações).

4. Determine o nível de educação desejável para cada função (médio, técnico, superior, pós-graduação).

5. Determine os treinamentos necessários para cada função.

CARGO:		
RESPONSABILIDADES:		
AUTORIDADES:		
REQUISITOS		
Experiência mínima	Formação necessária	Treinamentos necessários
•	•	•
•	•	•
•	•	•
•	•	•
•	•	•
•	•	•

Figura 17 - Matriz de competências

A norma ISO 9001 diz ainda que se algum funcionário não atender às exigências de competências definidas, a organização deve tomar ações para alcançar essas competências e avaliar a eficácia das ações, em outras palavras, a empresa precisa prover os treinamentos necessários e avaliar se esses treinamentos surtiram efeitos.

O provimento de treinamentos se faz necessário para que os requisitos de competência sejam atingidos, é preciso treinar todas as pessoas nos procedimentos referentes aos seus processos.

É interessante criar um Plano contemplando todos os treinamentos necessários para a empresa, nesse plano pode ser inserido a carga horária, o público e a data prevista.

Treinamento	Carga Horária	Público Alvo	Gerente da área	Instrutor	ANO												
					JAN	FEV	MAR	ABR	MAI	JUN	JUL	AGO	SET	OUT	NOV	DEZ

Figura 18 - Plano de treinamentos

Por outro lado, ter um plano, treinar o pessoal e não ter uma rastreabilidade dos treinamentos não faz muito sentido. Dúvidas como *"Quem já recebeu o treinamento no processo de fabricação?"*, ou *"Quem precisa de treinamentos na Política da Qualidade?"*, ou ainda *"Onde está o registro de treinamento de Fulano?"*, são facilmente respondidas se tivermos um Controle de treinamentos disponível.

O Controle de treinamentos pode ser feito via sistema informatizado (software) ou numa planilha de Excel:

N.º	NOME	CARGO	MATRÍCULA / RG	TÍTULO DOS TREINAMENTOS	POLÍTICA DA QUALIDADE	FABRICAÇÃO DE RAPADURA	NÃO CONFORMIDADES	PROGRAMA 5S	ISO 9001
1	JOÁS	GERENTE			X	X	X	X	X
2	ZILAMARKS	ENCARREGADA			X	X		X	X
3	JUPIRA	SUPERVISORA			X		X	X	
4	KLEYTYANYSON	OPERADOR			X		X		X
5	GYLLYERISON	OPERADOR			X	X			X

Figura 19 - Controle de treinamentos

Após a realização do treinamento é importante avaliar sua eficácia, saber se o treinamento surtiu algum efeito nos treinandos.

A eficácia mede a relação entre os resultados obtidos e os objetivos pretendidos.

Um bom treinamento é aquele que gera resultados positivos nos processos, então, existem várias formas de fazer uma avaliação de eficácia, por exemplo:

- Avaliação prática pós treinamento;
- Análise dos resultados dos treinandos;
- Análise do superior imediato;
- Diminuição de não conformidades, entre outros.

Não existe um prazo obrigatório para o tempo em que a avaliação deve ser feita, mas um período de 15 a 30 dias pode ser interessante.

COMO FAZER

1. Elabore um cronograma de treinamentos baseado na descrição de cargos/treinamentos desejáveis.

2. Elabore um controle dos treinamentos, assim, será possível saber o percentual treinado, quem recebeu ou falta receber treinamento etc.

3. Elabore um registro de treinamentos (lista de presença, ata etc.).

4. Defina um método para a avaliação de eficácia pós treinamento.

5. Registre a avaliação de eficácia.

7.3 – Conscientização

"A organização deve assegurar que pessoas que realizam trabalhos sob o controle da organização, estejam conscientes: a) da política da qualidade; b) dos objetivos da qualidade pertinentes; c) da sua contribuição para a eficácia do sistema de gestão da qualidade, incluindo os benefícios de desempenho melhorado; d) das implicações de não estar conforme com os requisitos do sistema de gestão da qualidade."

Apesar de curto, este é um requisito extremamente difícil de ser atendido. Aqui estamos falando de conscientização, algo que precisa estar naturalmente no dia a dia das pessoas, um exemplo é quando alguém chega no escritório e começa a dizer que a partir de hoje todos precisam fazer um 5S na sala, então, as pessoas começam a organizar tudo e no final do dia, o escritório fica impecável, uma maravilha de organização e limpeza, porém, basta menos de uma semana para tudo voltar como era antes, isso aconteceu porque as pessoas não foram, de fato, conscientizadas quando a organização e aplicação do 5S. Com isso, quero dizer que um simples treinamento não vai garantir a conscientização, *entendeu a gravidade do requisito?*

A norma ISO 9001 começa o requisito dizendo que as pessoas que realizam os processos da organização (aqueles determinados no escopo), precisam estar conscientizados quanto a pelo menos quatro coisas que explicarei abaixo, mas antes, quero dizer que essas "pessoas" citadas na norma envolvem contratados, terceirizados, estagiários, menor aprendiz, diarista, ou qualquer pessoa que impacte nos processos.

A conscientização deve ser em relação a:

- Política da Qualidade - não apenas decorar ou dizer que recebeu treinamento, é preciso aplicar os conceitos da Política no seu processo, é necessário entender como o processo faz para atender e satisfazer o cliente.
- Objetivos da Qualidade - seria ter consciência da melhoria do desempenho dos processos, entender o que devo fazer para atingir os objetivos e metas.

- Contribuição para eficácia dos processos - é saber o que deve ser feito para atingir os resultados pretendidos, quais as estratégias que você deve usar na execução das atividades.
- Por fim, saber quais serão os efeitos negativos para a empresa se o processo não estiver conforme, quais perdas a organização vai ter se as não conformidades começarem a surgir.

> **COMO FAZER**
>
> *1. Faça campanhas de conscientização (assim, em casos de auditoria, você pode evidenciar que está tentando conscientizar as pessoas).*
>
> *2. Faça verificações constantes para saber se as pessoas estão conscientizadas quando aos requisitos mínimos exigidos pela norma.*

7.4 – Comunicação

> *"A organização deve determinar as comunicações internas e externas pertinentes para o sistema de gestão da qualidade, incluindo: a) sobre o que comunicar; b) quando se comunicar; c) com quem se comunicar; d) como comunicar; e) quem comunica."*

Dentro de uma organização, a comunicação é fundamental, pois um pequeno ruído pode colocar muita coisa a perder. Direta ou indiretamente, os processos estão se comunicando o tempo todo, essa comunicação precisa ser eficaz.

É importante saber que o requisito tem relação com à comunicação interna e externa, a empresa pode criar uma metodologia para garantir que essa comunicação surtirá efeitos positivos.

Um plano de comunicação pode incluir:

- ***O que comunicar***: quais os cenários de comunicação necessários, como por exemplo: informações sobre os resultados, sobre os novos processos, sobre as não conformidades identificadas etc.

- **Quando essa comunicação deve acontecer:** seria o ponto de partida para a comunicação? Qual a hora exata para iniciar o processo de comunicação? Se for relacionado à apresentação de resultados do SGQ, por exemplo, pode ser mensal.

- **Com quem se comunicar:** para quem a comunicação será direcionada em cada cenário? No caso da comunicação dos resultados do SGQ, o *"quem"* poderia ser toda a força de trabalho.

- **Como se comunicar:** aqui é a forma de comunicação, pode ser formal ou informal, através de reunião presencial ou remota, através de e-mail ou carta, e como deve se proceder essa comunicação.

- **Quem faz a comunicação:** quem é a pessoa responsável pela comunicação em cada um dos cenários? Pode ser o nome ou a função da pessoa na empresa.

Apesar da norma não exigir uma informação documentada neste requisito, pode-se fazer um plano no estilo 5W2H.

PLANO DE COMUNICAÇÃO					
O QUE COMUNICAR?	COM QUEM SE COMUNICAR?	QUANDO A COMUNICAÇÃO DEVE OCORRER?	COMO DEVE SER A COMUNICAÇÃO?	RESPONSÁVEL PELA COMUNICAÇÃO	

Figura 20 - Plano de comunicação

7.5 – Informação documentada

O termo informação documentada foi inserido a partir da versão 2015 da norma ISO 9001 com o objetivo de padronizar os termos usados anteriormente que eram documentos e registros. Esses dois termos geravam um pouco de confusão entre os profissionais da qualidade.

> *"Registro não é um documento? Se sim, por que chamar de registro e não de documento?"*

Era costume definir registros como formulários, planilhas (que na prática não deixavam de ser documentos) e documento era definido como um procedimento, uma norma, ou seja, algo que não se alimenta rotineiramente.

7.5.1 - Generalidades

> *"O sistema de gestão da qualidade da organização deve incluir: a) informação documentada requerida por esta Norma; b) informação documentada determinada pela organização como sendo necessária para a eficácia do sistema de gestão da qualidade."*

Informação documentada são dados do SGQ que devem ser controlados a fim de garantir a eficiência e eficácia dos processos.

A empresa não precisa ter uma quantidade exata de informação documentada, isso depende do porte (quantidade de processos), do tipo da organização, da complexidade e da competência das pessoas. É importante ter pelo menos as informações documentadas exigidas nos requisitos da norma e outras que a empresa julgue necessárias para o bom desempenho dos processos.

7.5.2 - Criando e atualizando

> *"Ao criar e atualizar informação documentada, a organização deve assegurar apropriados(as): a) identificação e descrição (por exemplo: um título, data, autor ou número de referência); b) formato (por exemplo: linguagem, versão do software, gráficos) e meio (por exemplo: papel, eletrônico); c) análise crítica e aprovação quanto à adequação e suficiência."*

À medida que os processos vão se organizando, as informações documentadas também começam a ser geradas, são vários os tipos de documentos e registros que farão parte do SGQ:

- Procedimentos
- Instruções de trabalho
- Fluxogramas
- Cronogramas
- Controles
- Planos

- Relatórios
- Fichas
- Planilhas etc.

Dada a quantidade de informação documentada que vai circular na organização, a identificação passa a ser um fator fundamental. A norma ISO 9001 diz que ao criar uma informação documentada, a empresa precisa definir sua identificação e descrição.

Exemplos:

- **Título:** é a identificação/nome da informação documentada; ou
- **Data:** Data da elaboração ou revisão; ou
- **Autor:** Pessoa ou função responsável pela elaboração da informação documentada; ou
- **Número de referência:** Seria um código para a informação documentada, afinal, pode acontecer de existir documentos e registros semelhantes.

É importante saber interpretar a norma, note que ela não exige que a informação documentada tenha exatamente os quatro exemplos de identificação que citamos, a norma sugere com o termo *"ou"*, mas como boa prática seria interessante manter todos.

A organização pode padronizar um cabeçalho contendo informações importantes. Normalmente os documentos são identificados por meio de uma legenda que consta o seguinte:

- Logomarca da empresa;

- Título da informação documentada;

- Código da informação documentada;

- Nome da pessoa que elaborou e aprovou a informação documentada;

- Data de emissão da informação documentada;

- Número da revisão da informação documentada (quantas vezes foi revisado);

- Número da página e ou total de páginas.

Petra cursos online	TÍTULO DO PROCEDIMENTO	Cód.:
		Rev.:
		Data:
Elaborado por	Aprovado por	

Em relação ao número de referência (código), os documentos podem ser numerados por meio de códigos que identificam o tipo de documento, o processo de negócio ou área funcional a que o documento se aplica e por fim um número sequencial do documento.

Sugestões para codificação de documentos:

XX.YY.ooo
Onde,
XX = Tipo de documento
YY = Processo ou área
ooo = Número sequencial

Tipo de documento	*Processo ou área*
MQ – Manual da Qualidade	CO – Comercial
PQ – Política da Qualidade	EN – Engenharia
PR – Procedimento	GQ – Gestão da Qualidade
OD – Objetivos de desempenho	RH – Recursos Humanos
IT – Instrução de Trabalho	FI – Financeiro
DE – Desenhos	SU – Suprimentos
ET – Especificação Técnica	AT – Assistência Técnica

Um exemplo de codificação de procedimento de gestão da qualidade:

PR-GQ-001

Formato e meio

A informação documentada pode ter diferentes formatos e se apresentar como uma linguagem, uma versão de software ou gráficos, é interessante entender que a informação documentada não está restrita a um procedimento tradicional de várias páginas ou um formulário de recebimento.

Você precisa definir o meio da informação documentada, muitas empresas não trabalham mais com o papel físico, além da importância ambiental, o meio eletrônico evita custo com espaços e impressões. Existem muitos softwares e hubs como o *Microsoft Teams e Google* que facilitam a vida dos profissionais que não querem mais trabalhar com informação documentada em meio físico.

Para a norma ISO 9001, meio eletrônico ou meio físico, possuem o mesmo valor.

Revisão e aprovação

Toda documentação da empresa é passível de mudança, seja porque um processo foi alterado ou porque a empresa decidiu implementar melhorias. Quando for necessário alterar uma informação documentada, você precisa controlar as revisões.

Suponha que existe um Fluxograma de Aquisição na revisão "*1*" e o processo precisou ser alterado, logo, o Fluxograma será afetado e consequentemente irá para a revisão "*2*". Se a empresa utilizar números, a revisão poderá alterar de **1** para **2**, e se for letras de **A** para **B**. Essas alterações são importantes para que os usuários saibam qual a revisão mais recente e, assim não aplicar versões obsoletas nos processos.

É muito importante que a organização determine quem possui autoridade para aprovar as informações documentadas relevantes. Essa aprovação pode ser física (método tradicional de assinatura), ou eletrônica (via assinatura eletrônica ou qualquer outro meio definido pela empresa, como o envio de um e-mail ou ata de reunião referindo-se à aprovação).

7.5.3 – Controle de informação documentada

*"7.5.3.1 A informação documentada requerida pelo sistema de gestão da qualidade e por esta Norma deve ser controlada, para assegurar que:
a) ela esteja disponível e adequada para uso, onde e quando ela for necessária;
b) ela esteja protegida suficientemente (por exemplo, contra perda de confidencialidade, uso impróprio ou perda de integridade).
7.5.3.2 Para o controle de informação documentada, a organização deve abordar as seguintes atividades, como aplicável: a) distribuição, acesso, recuperação e uso; b) armazenamento e preservação, incluindo preservação da legibilidade; c) controle de alterações (por exemplo, controle de versões); d) retenção e disposição. A informação documentada de origem externa determinada pela organização como necessária para o planejamento e operação do sistema de gestão da qualidade deve ser identificada, como apropriado, e controlada. Informação documentada retida como evidência de conformidade deve ser protegida contra alterações não intencionais."*

De acordo com a norma ISO 9001, toda informação documentada deve ser controlada pela organização. O objetivo do controle é garantir que os documentos estejam sempre disponíveis e adequados para uso quando necessário.

Suponha que uma empresa utiliza fluxogramas como procedimentos para execução dos processos, o controle precisa garantir que os usuários tenham acesso às revisões mais recentes. Não faz sentido ter um acervo de informação documentada e esta não ser acessível aos usuários.

A informação é um dos bens mais preciosos que existe no mundo dos negócios e quem as possui tem mais chances de se dar bem no mercado. A organização precisa proteger as informações quanto a confidencialidade. A perda da confidencialidade está relacionada ao acesso de pessoas não autorizadas, assim como a perda da integridade relaciona-se com as alterações indevidas na informação documentada.

Algumas atividades são fundamentais durante o controle da informação documentada, entre elas:

- **Distribuição:** é preciso definir como será a distribuição. Está cada vez mais em desuso a distribuição por meio físico, aquela em que é preciso fazer as impressões e entregar cópias aos usuários. Uma forma prática de fazer a distribuição é através da disponibilização da informação documentada na rede interna da empresa, os usuários recebem o acesso às pastas específicas e são avisados quando houver alterações nos documentos.

Uma forma legal de controlar essa distribuição é através da Lista Mestra que pode ser uma planilha, ou sistema informatizado. Cada empresa pode definir seu próprio modelo de Lista Mestra. Considerando uma planilha em Excel, teríamos algo parecido com a imagem a seguir:

LISTA MESTRA DE DOCUMENTOS								
CÓDIGO	DESCRIÇÃO	PROCESSO	REVISÃO	DATA	STATUS	VALIDADE	HISTÓRICO DE REVISÕES	Referência (requisitos da norma)
PR-001	Procedimento de Montagem de rodas aro 15	Produção	1	dd/mm/aaaa	Aprovado	Permanente	0	Aprovado	ISO 9001 8.5

Figura 21 - Lista mestra no Excel

- **Acesso:** aqui deve ser registrado o nível de confidencialidade, determine o nível de acesso à informação documentada, por exemplo: público, confidencial etc.
- **Recuperação:** a forma ou ordem como são recuperados para consultas depois de armazenados, por exemplo: por data, semana, mês, ano, código, diretório etc.
- **Uso:** pode ser identificado quem vai utilizar a informação documentada (Diretoria, setor de engenharia...).
- **Armazenamento:** indicação do meio e local onde a informação documentada ficará armazenada, por exemplo: meio físico ou meio eletrônico.
- **Preservação:** os locais de guarda onde serão protegidos de condições que possam colocá-los em risco de deterioração, por exemplo: pasta do tipo AZ (físicos), antivírus e backup (para meios eletrônicos).

- **Revisão (ou cópia controlada):** o controle de alteração do documento tem várias utilidades: rastrear quantas alterações tiveram aquele documento como sinal de que está melhorando ou não.

  Cópia controlada é o termo utilizado para demonstrar que a informação documentada está sendo controlada pelo SGQ, de modo que, somente a versão atual estará disponível para os usuários.

  Cópia obsoleta é quando o documento fica ultrapassado ao surgir uma nova revisão.

  E cópia não controlada é aquela usada para treinamentos, auditorias, ou seja, não tem valor para a execução dos processos.

- **Disposição:** é o tempo necessário que deve ser mantido para fins de comprovação da qualidade praticada, como por exemplo: seis meses, cinco anos, ou até o final do projeto.

- **Retenção:** o que deverá ser feito após a disposição (exemplo: reciclagem, data book, arquivo morto).

Podemos registrar todas essas informações em uma planilha de controle como a imagem a seguir:

CONTROLE DE INFORMAÇÃO DOCUMENTADA									
CÓDIGO	DESCRIÇÃO	ARMAZENAMENTO	PROTEÇÃO	RECUPERAÇÃO	ACESSO	USO	RETENÇÃO	DISPOSIÇÃO
PR-001	PROCEDIMENTO DE MONTAGEM DA RODA ARO 15	ELETRÔNICO	BACKUP	POR NÚMERO	RESTRITO	PRODUÇÃO	2 ANOS	DATA BOOK

Figura 22 - Controle de informação documentada

Cada linha deve ser preenchida com uma informação documentada, você pode usar esse controle para os "*registros/formulários*" e a Lista Mestra para os "*procedimentos e normas*".

Algumas pessoas me perguntam sobre a obrigatoriedade de procedimentos documentados, na verdade, desde a nova versão (2015) da norma ISO 9001 que esses procedimentos não são mais obrigatórios, embora, seja interessante ter procedimentos de tratamento de não conformidades, auditorias, controle de informação documentada etc.

COMO FAZER

1. Faça uma listagem de todos os procedimentos, manuais, fluxogramas, normas e formulários utilizados pela organização.

2. Defina a codificação dos procedimentos, manuais, fluxograma e formulários. Dicas:

- Procedimento: PR-001

- Manual: MA-001

- Fluxograma: FL-001

- Formulário: FO-001

3. Crie uma Lista mestra e insira os procedimentos, manuais, fluxogramas e normas. Dicas:

- Figura 20 para fazer Lista mestra no Excel.

- Criar uma pasta na intranet da empresa com acesso aos usuários.

- Contratar um software de Gestão da Qualidade.

4. Crie um Controle de informação documentada e insira todos os formulários e planilhas da organização. Dica:

- Figura 21 para fazer o controle no Excel.

- Contratar um software de Gestão da Qualidade

5. Independente do meio de distribuição, garanta que os usuários terão acesso aos procedimentos, manuais, fluxogramas, normas e formulários.

SEÇÃO 8 – OPERAÇÃO

O foco da seção é a parte operacional da empresa, você sai da gestão e entra no processo de operação.

Vamos ver o planejamento operacional (8.1), os requisitos do produto (8.2), o projeto e desenvolvimento (8.3), o processo de aquisição (8.4), a produção (8.5), a liberação para o cliente (8.6) e o produto não conforme (8.7).

É importante salientar que a seção de operação serve para qualquer tipo de processo operacional e não apenas uma fabricação como muitos pensam, a operação mencionada aqui tem relação com os processos que fazem o produto ou serviço acontecer.

8.1 – Planejamento e controle operacional

> "A organização deve planejar, implementar e controlar os processos (ver 4.4) necessários para atender aos requisitos para provisão de produtos e serviços e para implementar as ações determinadas na Seção 6 ao: a) determinar os requisitos para os produtos e serviços; b) estabelecer critérios para: 1) os processos; 2) a aceitação de produtos e serviços; c) determinar os recursos necessários para alcançar conformidade com os requisitos do produto e serviço; d) implementar controle de processos de acordo com critérios; e) determinar e conservar informação documentada na extensão necessária para: 1) ter confiança em que os processos foram conduzidos como planejado; 2) demonstrar a conformidade de produtos e serviços com seus requisitos. A saída desse planejamento deve ser adequada para as operações da organização. A organização deve controlar mudanças planejadas e analisar criticamente as consequências de mudanças não intencionais, tomando ações para mitigar quaisquer efeitos adversos, como necessário. A organização deve assegurar que os processos terceirizados sejam controlados (ver 8.4)."

Falamos sobre planejamento no requisito 6.1, e você poderia até pensar que há uma ambiguidade nos requisitos da ISO, afinal, o tema planejamento volta a aparecer, mas veja, o planejamento do requisito 6.1 está relacionado aos riscos e objetivos da qualidade, enquanto o planejamento do requisito 8.1 é específico para o processo operacional. Isso não quer dizer que os dois requisitos não tenham relação, pelo contrário, em

6.1 você planejou ações para os riscos, inclusive, para esse processo operacional.

A norma ISO 9001 diz que a organização deve:

- Planejar os processos
- Implementar o planejamento
- Controlar os processos

Esta é a famosa tríade: planejar, implementar e controlar. O planejamento operacional pode incluir:

- **O levantamento dos requisitos para o produto/serviço**, ou seja, planejar o que será preciso para o processo operacional. Aqui o planejamento deve contemplar os requisitos do produto ou serviço, o que se espera e como alcançar esses resultados.

- **Estabelecer critérios**, ou seja, quais os parâmetros necessários. Quais os níveis máximo e mínimo aceitáveis para os processos, produtos ou serviços. Até onde o produto será considerado aceitável?

- **Recursos necessários**, é preciso planejar quais os recursos serão necessários para a realização do produto/serviço, por exemplo: recursos humanos (quantas pessoas, quais as funções) e recursos materiais (entradas necessárias, insumos, quantidade de matéria prima). Dependendo do porte da organização e do tipo do processo, alguns vão requerer mais recursos do que outros.

- **Controlar o processo**, o controle está relacionado a manter o processo na linha planejada, então, no planejamento procure inserir os mecanismos que possam garantir a identificação dos desvios e como trazer o processo de volta aos trilhos.

- **Informação documentada**, para garantir que o planejamento alcançou todo o processo operacional e para garantir que as saídas desse processo (produto/serviço) foram planejadas conforme requisitos especificados. A organização pode evidenciar essa informação documentada com uma planilha, ou um cronograma ou qualquer outro meio que demonstre que o planejamento está sendo realizado. Já vi auditorias onde os auditores identificaram não conformidades por falta de evidência do planejamento.

O resultado do planejamento deve ser de acordo com o porte e o tipo do processo operacional, há empresas no setor industrial que implementam o PLANEJAMENTO E CONTROLE DA PRODUÇÃO - PCP. Esse tipo de planejamento é mais robusto e busca estudar a previsão de demanda, plano de produção, plano mestre, MRP I e II. Não é nosso foco falar do PCP nesse livro, mas se tiver interesse em aprender mais sobre esse tipo de planejamento acesse https://ead.petracursos.com.br/curso/pcp-planejamento-e-controle-da-producao .

Um planejamento é passível de mudanças durante o seu percurso, por isso, a norma ISO 9001 diz que se for preciso, a organização deve controlar e analisar as consequências dessas mudanças (riscos) e só assim, aplicá-las no novo planejamento.

A norma ISO 9001 diz também que a organização é responsável pelo planejamento de empresas terceirizadas que afetem a qualidade do produto/ serviço, ou seja, quando parte do processo operacional for terceirizado, essa contratada deve apresentar o planejamento de suas atividades ou você deve garantir que todas as atividades estejam no planejamento.

COMO FAZER

1. Faça um levantamento da previsão de demanda.

2. Planeje os recursos necessários para atender a demanda.

3. Registre o planejamento em uma planilha ou sistema informatizado.

Sugestão de planilha para controle operacional

PERÍODO	VALORES INICIAIS	Mês 1	Mês 2	Mês 3	Mês 4	Mês 5	Mês 6
DEMANDA		980	1070	1120	1170	1220	1270
PRODUÇÃO NORMAL		700	1000	1000	1000	1000	1000
PRODUÇÃO EXTRA							
TERCEIRIZADO			100	100	200	200	300
ESTOQUE INICIAL		300	20	50	30	60	40
ESTOQUE FINAL	300	20	50	30	60	40	70
ESTOQUE MÉDIO		160	35	40	45	50	55
ATRASOS		0	0	0	0	0	0
R$ PRODUÇÃO NORMAL	R$5,60	R$3.920,00	R$5.600,00	R$5.600,00	R$5.600,00	R$5.600,00	R$5.600,00
R$ PRODUÇÃO EXTRA	R$6,50	R$0,00	R$0,00	R$0,00	R$0,00	R$0,00	R$0,00
R$ TERCEIRIZADA	R$7,00	R$0,00	R$700,00	R$700,00	R$1.400,00	R$1.400,00	R$2.100,00
R$ ESTOQUE MÉDIO	R$4,00	R$640,00	R$140,00	R$160,00	R$180,00	R$200,00	R$220,00
R$ ATRASOS	R$20,00	R$0,00	R$0,00	R$0,00	R$0,00	R$0,00	R$0,00
R$ TOTAIS	-	R$4.560,00	R$6.440,00	R$6.460,00	R$7.180,00	R$7.200,00	R$7.920,00

Figura 23 - Planejamento operacional (página 1)

Mês 7	Mês 8	Mês 9	Mês 10	Mês 11	Mês 12	TOTAL
1320	1370	1420	1470	1520	1570	15500
1000	1000	1000	1000	1000	1000	11700
						0
300	400	400	500	500	500	3500
70	50	80	60	90	70	920
50	80	60	90	70	0	620
60	65	70	75	80	35	770
0	0	0	0	0	0	0
R$5.600,00	R$5.600,00	R$5.600,00	R$5.600,00	R$5.600,00	R$5.600,00	R$65.520,00
R$0,00	R$0,00	R$0,00	R$0,00	R$0,00	R$0,00	R$0,00
R$2.100,00	R$2.800,00	R$2.800,00	R$3.500,00	R$3.500,00	R$3.500,00	R$24.500,00
R$240,00	R$260,00	R$280,00	R$300,00	R$320,00	R$140,00	R$3.080,00
R$0,00	R$0,00	R$0,00	R$0,00	R$0,00	R$0,00	R$0,00
R$7.940,00	R$8.660,00	R$8.680,00	R$9.400,00	R$9.420,00	R$9.240,00	R$93.100,00

Figura 24 - Planejamento operacional (página 2)

8.2 – Requisitos para produtos e serviços

São as características do produto ou serviço. Um requisito pode ser técnico (medidas, peso, temperatura) ou visual (cor, layout, estado). Pode ser determinado tanto pela empresa quanto pelo cliente. A organização deve sempre ter em mente o atendimento às expectativas do cliente.

8.2.1 - Comunicação com o cliente

> *"A comunicação com o cliente deve incluir: a) prover informação relativa a produtos e serviços; b) lidar com consultas, contratos ou pedidos, incluído mudanças; c) obter retroalimentação do cliente relativa a produtos e serviços, incluindo reclamações do cliente; d) lidar ou controlar propriedade do cliente; e) estabelecer requisitos específicos para ações de contingência, quando pertinente."*

A comunicação é sem dúvidas a principal ponte que liga o cliente com a empresa, a existência de ruídos pode fazer com que uma parceria seja desfeita. A norma ISO 9001 entende que a empresa precisa aprimorar o processo de comunicação com o cliente em relação ao produto/serviço, para tanto, sugere que essa relação envolva informações sobre:

- **Produto e serviços** - o cliente precisa saber tudo sobre o produto ou serviço adquirido, um dos métodos mais eficazes para este tipo de informação é o manual do usuário. Ao adquirir um produto eletrônico, por exemplo, é comum buscarmos o manual para entender melhor as funcionalidades, essa é uma comunicação da empresa com o cliente apresentado o produto.

- **Contratos** - ao firmar uma parceria com o cliente, umas das formas de comunicação do acordo é o contrato.

- **Mudanças no pedido** - é comum um cliente fazer um pedido e por algum motivo solicitar alterações de prazo, de projeto ou de quantidades, claro que isso pode gerar alteração no preço inicial, mas aqui o foco do requisito não é esse, mas que a empresa disponha de um canal de comunicação para o cliente solicitar as mudanças, quando necessário.

- **Reclamações e sugestões** – nem sempre é possível agradar os clientes, as reclamações e sugestões são comuns durante a realização dos serviços. A empresa pode criar um SAC - Serviço de Atendimento ao Consumidor para captar as sugestões e reclamações e proceder com a retroalimentação (tratativas).
- **Propriedade do cliente** - posteriormente falarei sobre esse tema, mas adianto que é algo que pertence ao cliente e está em posse da empresa, como um projeto, por exemplo. Aqui a norma pede que seja aberto um canal de comunicação para informar ao cliente sobre tudo o que acontece com sua propriedade.
- **Ações de contingência** - outro canal de comunicação que precisa ser incluído é para os casos de contingência nos requisitos, de repente a empresa verificou que alguns requisitos não atendem ou é impossível alcançá-los, o cliente precisa ser informado ou informar a contingência a ser tomada.

Um canal de comunicação pode ser um e-mail, um número de telefone ou qualquer outro mecanismo que permita a comunicação com o cliente.

COMO FAZER

1. Determine os canais de comunicação com o cliente: manual, e-mail, telefone etc.

8.2.2 - Determinação de requisitos relativos a produtos e serviços

> *"Ao determinar os requisitos para os produtos e serviços a serem oferecidos para clientes, a organização deve assegurar que:*
> *a) os requisitos para produtos e serviços estão definidos, incluindo:*
> *1. quaisquer requisitos estatutários e regulamentares aplicáveis;*
> *2. aqueles considerados necessários pela organização; b) a organização possa atender aos pleitos para os produtos e serviços que ela oferece."*

Antes da realização de um produto ou serviço, é necessário determinar quais são os requisitos, se a empresa vai fabricar uma bola plástica é preciso definir as características do produto como o diâmetro, a espessura, o peso, a cor etc.

A determinação dos requisitos pode ser definida:

- Pela organização, quando ela detém o projeto.
- Pelo cliente, quando este é dono do projeto ou deseja um produto personalizado.
- Por questões estatutárias e regulamentares, quando existe uma legislação ou norma técnica determinando os requisitos.

COMO FAZER

1. Determine as características técnicas do produto.

2. Registre em um documento como Ficha técnica, ou Folha de dados, ou Memória de cálculo, ou Desenho técnico etc.

REQUISITOS DO PRODUTO / SERVIÇO								
PRODUTO/SERVIÇO:								
ITEM	REQUISITOS DO CLIENTE	REQUISITOS DO PRODUTO						
		FORMA	CONFIGURAÇÃO	DIMENSÕES	PESO	AJUSTES	TIPO DE MATERIAL	TIPO DE COR
1	Ter base resistente	Retangular	Layout interno	13 mm x 4 mm	80 g	Ajuste de compronentes	Metálico	Prata

Figura 25 - Requisitos do produto/serviço

8.2.3 - Análise crítica de requisitos relativos a produtos e serviços

> *"8.2.3.1 A organização deve assegurar que ela tenha capacidade de atender aos requisitos para produtos e serviços a serem oferecidos a clientes. A organização deve conduzir uma análise crítica antes de se comprometer a fornecer produtos e serviços a um cliente, para incluir: a) requisitos especificados pelo cliente, incluindo os requisitos de entrega e atividades de entrega e pós entrega; b) requisitos não declarados pelo cliente, mas necessários para o uso especificado ou pretendido, quando conhecido; c) requisitos especificados pela organização; d) requisitos estatutários e regulamentares aplicáveis a produtos e serviços; e) requisitos de contrato ou pedido diferentes daqueles previamente expressos. A organização deve assegurar que os requisitos de contrato ou pedido divergentes daqueles previamente definidos sejam resolvidos. Os requisitos do cliente devem ser confirmados pela organização antes da aceitação, quando o cliente não prover uma declaração documentada de seus requisitos.*
>
> *8.2.3.2 A organização deve reter informação documentada, como aplicável, sobre: a) os resultados da análise crítica; b) quaisquer novos requisitos para os produtos e serviços."*

Antes de assumir qualquer compromisso, a organização deve analisar criticamente se tem condições de atender. A norma ISO 9001 preocupa-se com a satisfação do cliente, ou seja, a norma não deseja que a empresa assuma um compromisso que não possa cumprir.

Quando essa análise não é considerada, é comum a organização não cumprir o acordo com o cliente. Suponha que sua empresa recebeu um grande pedido do cliente, você olha para a receita e começa a planejar mil e uma coisas, *"vamos crescer"*, *"vamos receber muito dinheiro"*, se brincar faz até aquela dancinha da conquista. Mas, o que talvez você não perceba é:

"Temos estrutura para atender esse pedido?"

"O prazo é suficiente?"

"Tenho pessoas com a competência necessária?"

"Os custos para elaboração do produto valem a pena?"

Certa vez, atuando em uma grande multinacional do ramo de energias, recebemos uma auditoria de recertificação, estávamos impecáveis, atendendo todos os requisitos de qualidade, até que o "bendito" auditor perguntou sobre a análise crítica de um projeto em questão. Nesse momento, um membro da diretoria começa a cochichar com outro e disseram que fizeram a análise crítica do projeto, porém, não iriam mostrar a evidência. *Como assim não vão mostrar?* pensei comigo, *estamos com zero não conformidades até aqui e não é essa que vai "manchar" a auditoria.* O diretor informa que na análise crítica existem dados sigilosos e que não poderão apresentar, encurtando a história, fomos notificados sobre a não conformidade.

A norma diz que a análise crítica deve levar em consideração os requisitos especificados pelos clientes, ou seja, consigo atender o que ele está pedindo em relação às características do produto, ao prazo de entrega, à forma de pagamento?

Inclua também os requisitos que o cliente não especificou, mas que são necessários, por exemplo, o cliente deseja o produto em 5 dias, você percebe que para entregar nesse prazo, o produto vai sofrer alterações. Analise também se é possível atender os requisitos estatutários e regulamentares.

No final, defina se aceita ou declina do contrato, a organização não deve avançar antes de ter realizado a análise crítica do pedido.

O resultado da análise crítica deve ser registrado e ser mantido como informação documentada, não é necessário um formulário específico para registrar a análise crítica, isso pode ser feito via e-mail, via ata de reunião ou qualquer outra evidência que demonstre que a análise foi realizada.

> **COMO FAZER**
>
> 1. Determine um método para análise crítica dos requisitos (reunião, e-mail oficial, formulário etc.).
>
> 2. Registre a análise crítica a cada novo contrato com um cliente.
>
> 3. Se não tiver condições de atender o pedido, decline do contrato.

8.2.4 - Mudanças nos requisitos de produtos e serviços

> *"A organização deve assegurar que informação documentada pertinente seja emendada, e que as pessoas pertinentes sejam alertadas dos requisitos mudados, quando os requisitos para produtos e serviços forem mudados."*

Neste requisito, a norma ISO 9001 faz apenas um alerta sobre as mudanças que podem ocorrer nos requisitos dos produtos/serviços.

Se ocorrerem mudanças, então deve haver uma evidência documentada descrevendo o que mudou e, se possível, uma justificativa para a mudança.

Sabe-se que toda mudança pode carregar uma parcela de riscos, então, vale analisar também os riscos das mudanças nos requisitos de produtos e serviços. A mudança não poderá ferir os requisitos já estabelecidos pelo cliente (pelo menos não sem o seu consentimento) e os requisitos estatutários e regulamentares.

As pessoas envolvidas no processo precisam ser comunicadas quanto a estas mudanças.

> **COMO FAZER**
>
> 1. Registre as mudanças nos requisitos dos produtos ou serviços, pode ser em uma ata de reunião, e-mail oficial ou outro meio oficial da organização.
>
> 2. Garanta que todas as pessoas envolvidas no produto e serviço sejam comunicadas sobre as mudanças.

8.3 – Projeto e desenvolvimento

A primeira coisa que você precisa saber é que este requisito será aplicável somente quando a organização desenvolver projetos, caso apenas execute o projeto do cliente, o requisito 8.3 não será obrigatório.

Nunca confunda projeto com processo. O projeto é algo que tem início, meio e fim, já o processo é contínuo. Muitos profissionais, erroneamente assimilam projetos a um desenho técnico, projeto é algo que convivemos diariamente, seja na vida pessoal ou na vida profissional. Por exemplo, quando decidi escrever este livro nascia ali um projeto (com início, meio e fim), eu tinha a autonomia de mudar o formato do livro, o conteúdo dos tópicos, as planilhas etc.

Ao elaborar um novo processo, estamos criando um projeto (com início, meio e fim), assim como ao criar um produto, também estamos fazendo um projeto.

A norma fala sobre desenvolvimento, que é a execução do projeto, suas etapas, seus marcos, suas entradas e suas saídas etc.

8.3.1 - Generalidades

> *"A organização deve estabelecer, implementar e manter um processo de projeto e desenvolvimento que seja apropriado para assegurar a subsequente provisão de produtos e serviços."*

A norma inicia o requisito determinando que a organização tenha um processo estabelecendo a metodologia dos seus projetos, como eles se iniciam, como os custos e prazos serão calculados, quais os controles necessários e como será a validação, bem como de onde virão as provisões.

> **COMO FAZER**
>
> 1. Elabore um fluxograma determinando como é o processo de criação e implementação de projetos.
>
> 2. Inclua as etapas desde o surgimento da necessidade de um projeto, seu desenvolvimento (marcos) e seu encerramento.

8.3.2 - Planejamento de projeto e desenvolvimento

> "Na determinação dos estágios e controles para projeto e desenvolvimento, a organização deve considerar: a) a natureza, duração e complexidade das atividades de projeto e desenvolvimento; b) os estágios de processo requeridos, incluindo análises críticas de projeto e desenvolvimento aplicáveis; c) as atividades de verificação e validação de projeto e desenvolvimento requeridas; d) as responsabilidades e autoridades envolvidas no processo de projeto e desenvolvimento; e) os recursos internos e externos necessários para o projeto e desenvolvimento de produtos e serviços; f) a necessidade de controlar as interfaces entre pessoas envolvidas no processo de projeto e desenvolvimento; g) a necessidade de envolvimento de clientes e usuários no processo de projeto e desenvolvimento; h) os requisitos para a provisão subsequente de produtos e serviços; i) o nível de controle esperado para o processo de projeto e desenvolvimento por clientes e outras partes interessadas pertinentes; j) a informação documentada necessária, para demonstrar que os requisitos de projeto e desenvolvimento foram atendidos."

Esta é uma das principais fases do projeto, é a partir daqui que haverá um direcionamento para a eficácia. Não vou me aprofundar nos conceitos de elaboração de um projeto, mas de acordo com a norma ISO 9001 a empresa precisa considerar:

- **A natureza do projeto** - será um projeto de um processo, de um evento, de uma peça, de uma mudança, de uma certificação/conquista, de uma reformulação na organização? São várias as naturezas de um novo projeto.

- **Duração** - já falei anteriormente que para ser um projeto é preciso ter um início, um meio e um fim. Em projetos, essa questão de duração é bem relativa, durante o projeto, geralmente acontecem imprevistos e isso faz com que a duração possa ser maior do que o planejado.
- **Complexidade das atividades** – sempre que um projeto é planejado, é necessário esboçar suas atividades, algumas delas podem ser complexas como aquelas que necessitam de estudos mais profundos do material, mas também existem aquelas atividades simples, então, determine o nível de complexidade de cada uma das etapas do projeto.
- **Atividade de verificação e validação** - dentro do planejamento é preciso definir como as atividades serão verificadas, ou seja, como saber o andamento e se atendeu os requisitos, essa verificação pode ser via resultados, ou visual, ou in loco. A verificação retorna com uma aprovação ou reprovação, se não atendeu os requisitos a atividade deverá ser corrigida. A validação ocorre quando as atividades são aprovadas no processo de verificação. Validar uma atividade é garantir que ela atendeu seus objetivos. A validação pode ocorrer via evidência física (uma assinatura, um carimbo) ou evidência eletrônica (um checkpoint digital, por exemplo).
- **Responsabilidade e autoridade** - todo projeto precisa de pessoas para executá-lo, defina as responsabilidade e autoridades de cada um dentro do projeto. Para cada etapa é necessário definir um responsável e quais suas autoridades.
- **Recursos internos e externos** - o planejamento do projeto é o momento de definir quais recursos serão necessários, entende-se que recurso é tudo aquilo que é necessário para o projeto acontecer, como por exemplo: pessoas, softwares, licenças, consultoria etc. Um valor financeiro estimado pode ser feito para o projeto, no

balanço final você vai saber se foi gasto mais do que o planejado.

- **Controlar interface de pessoas** - um projeto requer o envolvimento de várias pessoas, controlar essa interface requer um planejamento, ou seja, em que momento cada pessoa terá seu papel confrontado com outra pessoa. O pessoal de compras interage com o PCP que por sua vez interage com a produção que vai interagir com a expedição.

- **Envolvimento do cliente** - há projetos que requerem a participação do cliente, então, o planejamento deve contemplar essa consulta e interação com o cliente, defina em que fase do projeto isso será necessário.

- **Nível de controle** – quando o projeto é complexo, o planejamento deve identificar quais os níveis de controle são necessários.

- **Informação documentada** - quais são as informações documentadas necessárias para garantir a efetividade do projeto? o planejamento deve contemplar documentos gerados em cada etapa do projeto.

COMO FAZER

1. Registre essas informações, de preferência numa ata de reunião ou formulário específico, se houver.

2. Crie um Cronograma de Gantt para definir os marcos do projeto.

3. Defina quais são as documentações do planejamento do projeto.

8.3.3 - Entradas de projeto e desenvolvimento

> *"A organização deve determinar os requisitos essenciais para os tipos específicos de produtos e serviços a serem projetados e desenvolvidos. A organização deve considerar: a) requisitos funcionais e de desempenho; b) informação derivada de atividades similares de projeto e desenvolvimento anteriores; c) requisitos estatutários e regulamentares; d) normas ou códigos de prática que a organização tenha se comprometido a implementar; e) consequências potenciais de falhas devidas à natureza de produtos e serviços. Entradas devem ser adequadas aos propósitos do projeto e desenvolvimento, completas e sem ambiguidades. Entradas conflitantes de projeto e desenvolvimento devem ser resolvidas. A organização deve reter informação documentada das entradas de projeto e desenvolvimento."*

Assim como um processo, os projetos também necessitam de entradas (inputs), essas entradas dependem do tipo de projeto, podendo ser tangíveis e intangíveis.

Não podemos confundir as entradas de projetos com as entradas de processos, por exemplo, a matéria-prima é entrada para fabricação do produto, mas não necessariamente para o projeto.

Toda vez que a organização for desenvolver um projeto deve levar em consideração como entrada:

- Requisitos funcionais e de desempenho (ficha técnica, folha de dados, desenho);
- Informações de projetos similares, se houver;
- Requisitos estatutários, se aplicável;
- Normas, procedimentos, instruções;
- Efeitos de possíveis falhas (FMEA de Projeto).

Ao final, a organização precisa ter evidências documentadas das entradas dos projetos.

> **COMO FAZER**
>
> 1. Liste todas as entradas necessárias para o projeto.
>
> 2. Registre em ata de reunião, ou e-mail, ou documento específico para entradas de projetos

8.3.4 - Controles de projeto e desenvolvimento

> *"A organização deve aplicar controles para o processo de projeto e desenvolvimento para assegurar que: a) os resultados a serem alcançados estejam definidos; b) análises críticas sejam conduzidas para avaliar a capacidade de os resultados de projeto e desenvolvimento atenderem a requisitos; c) atividades de verificação sejam conduzidas para assegurar que as saídas de projeto e desenvolvimento atendam aos requisitos de entrada; d) atividades de validação sejam conduzidas para assegurar que os produtos e serviços resultantes atendam aos requisitos para a aplicação especificada ou uso pretendido; e) quaisquer ações necessárias sejam tomadas sobre os problemas determinados durante as análises críticas ou atividades de verificação e validação; f) informação documentada sobre essas atividades seja retida."*

Agora, precisamos garantir que o planejamento será cumprido.

Os controles de projeto são meios para garantir o atingimento do planejamento. É como se você construísse uma trilha segura para pessoas caminharem, só que durante o percurso algumas pessoas saíram da trilha e possivelmente irão se perder, quais controles você desenvolveu para:

- *Essas pessoas voltarem para a trilha?* ou

- *Não se perderem e chegarem ao seu destino?*

Na prática, um controle de projetos pode ser feito através de reuniões, de check list, de planos de ação, de ferramentas ou de métodos como FMEA de Projeto. O importante aqui é apresentar quais meios de controle foram desenvolvidos para garantir que o planejamento do projeto continue na trilha.

É importante que a organização realize análise crítica para avaliar a capacidade do projeto atender os requisitos, bem como conduzir atividades de validação, mas não necessariamente precisam ser feitas em conjunto.

Evidencie o atendimento a este requisito através de informação documentada.

COMO FAZER

1. Defina e registre os controles para o projeto.

2. O registro pode ser em ata de reunião ou documento específico para controles.

8.3.5 - Saídas de projeto e desenvolvimento

"A organização deve assegurar que as saídas de projeto e desenvolvimento: a) atendam aos requisitos de entrada; b) sejam adequadas para os processos subsequentes para a provisão de produtos e serviços; c) incluam ou referenciem requisitos de monitoramento e medição, como apropriado, e critérios de aceitação; d) especifiquem as características dos produtos e serviços que sejam essenciais para o propósito pretendido e sua provisão segura e apropriada. A organização deve reter informação documentada sobre as saídas de projeto e desenvolvimento."

Se um projeto possui entradas, também possui saídas. As saídas de projeto garantem que as entradas foram transformadas conforme os requisitos.

As saídas também devem ser adequadas para atender as fases seguintes do projeto, ou seja, a saída de uma fase torna-se a entrada de outra.

A organização deve evidenciar as saídas do projeto através de informação documentada, como por exemplo:

- Desenhos
- Procedimentos
- Protótipos
- Ficha técnica

> **COMO FAZER**
>
> *1. Defina e registre as saídas do projeto.*
>
> *2. O registro pode ser um desenho, um procedimento, um protótipo ou uma ficha técnica.*

8.3.6 - Mudanças de projeto e desenvolvimento

> *"A organização deve identificar, analisar criticamente e controlar mudanças feitas durante, ou subsequentemente a, o projeto e desenvolvimento de produtos e serviços, na extensão necessária para assegurar que não haja impacto adverso sobre a conformidade com requisitos. A organização deve reter informação documentada sobre: a) as mudanças de projeto e desenvolvimento; b) os resultados de análises críticas; c) autorização das mudanças; d) as ações tomadas para prevenir impactos adversos."*

Mesmo em andamento, um projeto é passível de mudanças e se isso acontecer, a norma ISO 9001 determina que a organização identifique as mudanças e mantenha informação documentada.

> **COMO FAZER**
>
> *1. Identifique a mudança - seja por determinação do cliente, ou por ajustes técnicos, ou até mesmo por melhoria contínua.*
>
> *2. Faça uma análise crítica sobre essa mudança - saber os riscos que essa mudança traz para o projeto e analisar sua viabilidade.*
>
> *3. Evidencie os resultados da análise crítica e das mudanças implementadas, como sugestão, use uma planilha de Riscos x Projeto como apresentado na figura a seguir.*

RISCOS x PROJETOS								
PROCESSO:					DATA:			
Risco = Probabilidade x gravidade									
Critérios:	■ de 1 a 8 = risco baixo			□ de 9 a 16 = risco médio			■ de 17 a 25 = risco alto	
ATIVIDADE DO PROJETO	RISCO (o que pode dar errado?)	EFEITO	Probabilidade (1 a 5)	Gravidade (1 a 5)	RISCO	MITIGAÇÃO / CONTROLE	RESP.	PRAZO
					0			
					0			
					0			

8.4 – Controle de processos, produtos e serviços providos externamente

Também conhecido como processo de *aquisição*, este requisito costuma ser aplicado ao processo de suprimentos da organização, na prática é o setor de compras que cuida do seu atendimento.

A ISO 9001 deseja garantir que os insumos que irão incorporar os produtos e serviços sejam de boa qualidade e atendam os requisitos necessários, sabendo que uma matéria-prima de má qualidade resultará em produtos de má qualidade, assim como atrasos no recebimento resultarão em atrasos na entrega para o cliente.

Como boa prática, você pode elaborar um fluxo determinando como funciona o processo.

COMO FAZER

1. Faça um mapeamento do processo de compras na empresa, converse com o comprador da sua empresa para ajudar.

2. Desenvolva um fluxograma mostrando processo desde o recebimento da requisição de compras.

3. Formalize a requisição de compras para cada setor, ou seja, o processo de compras só será acionado mediante recebimento formal da requisição.

REQUISIÇÃO DE COMPRAS			
Setor requisitante:		PEDIDO	
Centro de custo:		ORÇAMENTO	
QUANT.	DESCRIMINAÇÃO	REFERÊNCIA	UNIDADE

Figura 26 - Requisição de compras

8.4.1 - Generalidades

> *"A organização deve assegurar que processos, produtos e serviços providos externamente estejam conformes com requisitos. A organização deve determinar os controles a serem aplicados para os processos, produtos e serviços providos externamente quando: a) produtos e serviços de provedores externos forem destinados a incorporação nos produtos e serviços da própria organização; b) produtos e serviços forem providos diretamente para o(s) cliente(s) por provedores externos em nome da organização; c) um processo, ou parte de um processo, for provido por um provedor externo como um resultado de uma decisão da organização.*
>
> *A organização deve determinar e aplicar critérios para a avaliação, seleção, monitoramento de desempenho e reavaliação de provedores externos, baseados na sua capacidade de prover processos ou produtos e serviços de acordo com requisitos. A organização deve reter informação documentada dessas atividades e de quaisquer ações necessárias decorrentes das avaliações."*

A norma ISO 9001 determina que a organização desenvolva controles capazes de garantir que as entradas provenientes de fornecedores externos sejam adequadas aos requisitos dos produtos e serviços. Pode acontecer do comprador pedir placas metálicas com espessura de 5 mm e chegarem placas com 4 mm, isso inviabilizaria a continuação do processo de transformação do produto.

Mas, há uma coisa a ser observada, esses controles se aplicam somente quando o insumo provido for incorporado ou tiver uma ligação direta com o produto ou serviço final, sendo assim, se uma empresa fabrica peças metálicas não tem obrigação de controlar os fornecedores de copos descartáveis, já que os copos não possuem impacto no produto.

Você pode estar se perguntando: *"E quando minha empresa é apenas uma atravessadora, ou seja, quando meu cliente recebe o produto direto de meu fornecedor externo?"*, em casos como esse, sua empresa não está isenta de prover os controles. É possível ser feito diretamente com seu fornecedor.

Um fornecedor é qualquer pessoa física ou jurídica que entrega valor para a organização (seja tangível ou intangível), inclusive, terceirização de mão de obra.

Para ser fornecedor de uma empresa com sistema de qualidade é preciso atender critérios de seleção e avaliação, esses critérios devem contemplar a capacidade de fornecimento e ser evidenciado como informação documentada.

COMO FAZER

1. Determine os critérios necessários para se tornar um fornecedor (qualidade, prazo, capacidade, pós-venda etc.).

2. Faça a seleção para o novo fornecedor.

3. Quando ele já for um fornecedor, faça a avaliação de desempenho (pode definir uma periodicidade para esta avaliação).

4. Caso o fornecedor não atenda os critérios de seleção ou de avaliação, informe a ele os critérios não atendidos e peça para corrigir. Em casos mais extremos, pode bloquear o fornecedor.

AVALIAÇÃO DE FORNECEDOR

Nome da Empresa		Última Avaliação:	
Ramo de Negócio:	Categoria: Fabricante ☐ Revendedor ☐		Prestador de Serviços ☐
Endereço:	Cidade:	Estado:	CEP:
Fone: E-mail	Contato:	Função:	

A Empresa tem Certificação ISO 9000' Sim ☐ Não ☐

Atribuir pontuação conforme critério: 1 = nível mais baixo / 5 = nível mais alto — Pontuação

	Em que nível de atendimento a empresa se situa quanto aos requisitos abaixo?	NA	1	2	3	4	5
1	QUALIDADE: A empresa garante a conformidade com os requisitos especificados de compra para todos os fornecimentos?						
2	DISPONIBILIDADE: A empresa garante a disponibilidade de produtos/serviços para atendimento à RAPADURA TREND sempre que for colocado um pedido de compra?						
3	PONTUALIDADE: A empresa garante a pontualidade nos fornecimentos conforme pedido de compra?						
4	SUPORTE TÉCNICO: A empresa garante suporte técnico sobre o produto/serviço fornecido, na venda e pós-venda?						
5	PESSOAL TÉCNICO: A empresa garante a competência profissional de seu pessoal técnico de forma comprovável?						
6	EQUIPAMENTOS: A empresa garante que se utiliza de máquinas e equipamentos adequados (quanto a manutenção e/ou calibração) na realização dos produtos fornecidos?						
7	CONFIABILIDADE: A empresa garante a confiabilidade nos produtos/serviços fornecidos em atendimento a normas/especificações/legislação, aplicáveis?						
8	NÃO-CONFORMIDADES: A empresa garante o tratamento de não-conformidades apontadas (reclamações/defeitos/falhas) de maneira formal?						
9	SOLUÇÃO DE PROBLEMAS: A empresa mantém uma área/pessoa encarregada do tratamento e solução de problemas relacionados ao produto/serviço?						
10	LAUDOS E CERTIFICADOS: A empresa está capacitada a fornecer laudos, atestados ou certificados técnicos quando exigidos por norma ou legislação específica?						

Legenda: NA = Não Aplicável — Total de pontos possíveis = 50

	SIM	NÃO
VERIFICAÇÃO DAS INSTALAÇÕES: a empresa aceita a verificação de suas instalações pela RAPADURA TREND ou pelo seu cliente, em determinadas situações contratuais?		

Muito Bom	Bom	Fraco (rejeitado)	CLASSIFICAÇÃO (STATUS)	
40 a 50 pontos	25 a 39 pontos	Menos de 25 pontos	0 Pontos	REPROVADO

Comentários:

Avaliado por: | Função: | Data:

Figura 27 - Avaliação de fornecedores

8.4.2 - Tipo e extensão do controle

> *"A organização deve assegurar que processos, produtos e serviços providos externamente não afetem adversamente a capacidade da organização de entregar consistentemente produtos e serviços conformes para seus clientes. A organização deve: a) assegurar que os processos providos externamente permaneçam sob o controle do seu sistema de gestão da qualidade; b) definir tanto os controles que ela pretende aplicar a um provedor externo como aqueles que ela pretende aplicar para às saídas resultantes; c) levar em consideração: 1) o impacto potencial dos processos, produtos e serviços providos externamente sobre a capacidade da organização de atender consistentemente aos requisitos do cliente e aos requisitos estatutários e regulamentares; 2) a eficácia dos controles aplicados pelo provedor externo; d) determinar a verificação, ou outra atividade, necessária para assegurar que os processos, produtos e serviços providos externamente atendam a requisitos."*

A principal justificativa da norma ISO 9001 é que a organização tenha um controle eficaz para que o fornecedor não impacte negativamente nos seus produtos ou serviços. Então, assim como devem existir controles na saída do produto, também devem existir controles no recebimento dos insumos.

8.4.3 - Informação para provedores externos

> *"A organização deve assegurar a suficiência de requisitos antes da sua comunicação para o provedor externo. A organização deve comunicar para provedores externos seus requisitos para: a) os processos, produtos e serviços a serem providos; b) a aprovação de: 1) produtos e serviços; 2) métodos, processos e equipamentos; 3) liberação de produtos e serviços; c) competência, incluindo qualquer qualificação de pessoas requerida; d) as interações do provedor externo com a organização; e) controle e monitoramento do desempenho do provedor externo a ser aplicado pela organização; f) atividades de verificação ou validação que a organização, ou seus clientes, pretendam desempenhar nas instalações do provedor externo."*

Se sua empresa possui um método para aquisição chamado Pedido de Compras, possivelmente você vai atender este requisito 8.4.3, isso porque a norma ISO 9001 determina que a organização envie todas as informações necessárias para o fornecedor, de modo que, não haja nenhum tipo de dúvida quanto às especificações do produto/serviço a ser fornecido.

Antes de iniciar o processo de compras, o requisitante precisa ter todos os requisitos do produto, por exemplo, se vamos comprar lotes de chapas metálicas é preciso ter informações (requisitos) como:

- Tipo do metal
- Espessura
- Comprimento
- Largura
- Prazo de entrega
- Condições de entrega (frete, acessos etc.)
- e talvez, condições de pagamento.

Quando o fornecimento for mão de obra ou locação de materiais e equipamentos, a organização precisa definir a competência necessária das pessoas que prestarão o serviço e as condições mínimas dos equipamentos.

COMO FAZER

1. Elabore um Pedido ou Ordem de compras para os fornecedores.

PEDIDO DE COMPRA

Número do Pedido: Data do Pedido: 25/07/2022
Comprador: Projeto:
Escopo: ITEM N. FISCAL FORMA PGTO

DADOS DO FORNECEDOR

Código: Razão Social: CNPJ:
Insc. Estadual: Insc. Mun.: Telefone: Celular:
Endereço: CEP: MUN. / UF:
Email: Contato: OBS:

ITEM	QTDE	UND	DESCRIÇÃO DO PRODUTO	UNIT (R$)	TOTAL (R$)	%
1	10,00	mm	Placa metálica 10 mm x 20 mm	5,00	50,00	100,00

OBSERVAÇÃO

SUBTOTAL (A) 50,00
FRETE (B)
DESCONTOS (C)
TOTAL (A+B-C) **50,00**

DATAS DE VENCIMENTO

1º PGTO 2º PGTO 3º PGTO 4º PGTO 5º PGTO 6º PGTO 7º PGTO

TIPO DE NOTA ?

DATA DA ENTREGA ?
25/07/2022

Data da Impressão 25/07/2022

COMPRADOR: CONFERENTE
____ / ____ / 2022 ____ / ____ / 2022

Figura 28 - Pedido de compra

8.5 – Produção e provisão de serviços

Quando iniciamos a seção 8 da norma ISO 9001, entramos numa sequência:

- Em 8.1, fizemos um planejamento operacional;
- Em 8.2, definimos os requisitos necessários de nosso produto/serviço;
- Em 8.3, projetamos nosso produto ou serviço;
- Em 8.4, fizemos a provisão dos insumos.

Somente agora, no requisito 8.5 é que vamos iniciar a produção ou realização dos serviços.

8.5.1 - Controle de produção e de provisão de serviço

> "A organização deve implementar produção e provisão de serviço sob condições controladas. Condições controladas devem incluir, como aplicável: a) a disponibilidade de informação documentada que defina: 1) as características dos produtos a serem produzidos, dos serviços a serem providos ou das atividades a serem desempenhadas; 2) os resultados a serem alcançados. b) a disponibilidade e uso de recursos de monitoramento e medição adequados; c) a implementação de atividades de monitoramento e medição em estágios apropriados para verificar que critérios para controle de processos ou saídas e critérios de aceitação para produtos e serviços foram atendidos; d) o uso de infraestrutura e ambiente adequados para a operação dos processos; e) a designação de pessoas competentes, incluindo qualquer qualificação requerida; f) a validação e revalidação periódica da capacidade de alcançar resultados planejados dos processos para produção e provisão de serviço, onde não for possível verificar a saída resultante por monitoramento ou medição subsequentes;
> g) a implementação de ações para prevenir o erro humano; h) a implementação de atividades de liberação, entrega e pós-entrega."

A organização deve implementar seu processo de produção ou provisão de serviços, aqui geralmente é elaborado um método de como será a produção, ou seja, procedimentos, fluxos ou instruções de trabalho. Não faz sentido iniciar uma produção sem antes analisar as condições de planejamento.

A produção deve ser realizada sob condições controladas, como por exemplo:

- Características técnicas do produto (requisitos de dimensional, visual etc.), geralmente registrados em Ficha técnica, contratos, folha de dados, memória de cálculo etc.
- As metas e objetivos a serem alcançados.
- Quais máquinas e equipamentos necessários para a produção.
- Quais equipamentos de medição que serão utilizados no processo de produção.

A organização deve prover uma estrutura para o processo de produção que inclua prédios, ou galpões, maquinário, pessoas competentes e métodos de avaliação de riscos.

Quando possível, seria interessante também a implementação de métodos contra erros humanos, conhecido na gestão de produção como *Poka Yoke*, um termo japonês que usa a criatividade para evitar erros humanos no processo de produção.

COMO FAZER

1. Confira se já existe um procedimento ou fluxograma para o processo de produção, em caso negativo, elabore um.

2. Veja a necessidade de criar subprocessos de produção (produção do produto A, do produto B etc.).

3. Garanta que as características técnicas do produto estão inseridas no procedimento ou em documento específico.

4. Garante que os participantes conhecem e que foram treinados no processo.

5. Faça ou confira o planejamento da produção conforme a demanda (ver requisito 8.1).

6. Confira se as máquinas estão com as manutenções preventivas em dia.

7. Confira se os equipamentos de medição estão calibrados.

8.5.2 - Identificação e rastreabilidade

> *"A organização deve usar meios adequados para identificar saídas quando isso for necessário assegurar a conformidade de produtos e serviços.*
> *A organização deve identificar a situação das saídas com relação aos requisitos de monitoramento e medição ao longo da produção e provisão de serviço. A organização deve controlar a identificação única das saídas quando a rastreabilidade for um requisito, e deve reter a informação documentada necessária para possibilitar rastreabilidade."*

Mesmo sendo um requisito pequeno, é um dos mais importantes do processo de produção. A primeira parte fala sobre a identificação de materiais e produtos acabados.

É comum em auditorias, às empresas receberem não conformidades por falta de identificação visível em seus produtos e matéria-prima. Portanto, se estivermos numa construção civil, todo material armazenado deve possuir uma identificação visível como: Areia grossa, areia fina, brita de 9,5 mm, brita de 19 mm etc. Do mesmo modo, os produtos também devem ser identificados: Bloco de concreto estrutural, bloco de concreto de vedação, canaleta de concreto, bloco elétrico e hidráulico etc.

A identificação se estende ao almoxarifado da empresa, todos os itens armazenados precisam ter suas identificações legíveis, inclusive, se estiverem não conformes.

A rastreabilidade é fundamental para qualquer empresa com sistema de qualidade, através dela é possível saber sobre a vida completa do produto, desde o lote da matéria-prima empregada até o seu destino ao cliente. Todas as vezes que faço auditorias da qualidade, eu começo pegando amostras de produtos no setor de expedição e procuro fazer com que os auditados façam a rastreabilidade reversa, ou seja, em cada processo que vou auditar, peço informações sobre aquele produto específico.

Sem a rastreabilidade não tem como analisarmos possíveis problemas em um produto, a organização precisa definir um método que garanta rastrear a origem de todos os componentes. Alguns setores como o alimentício e o automotivo que sofrem constantemente com *recalls* (recolhimento de produtos quando este apresenta algum problema e foi disponibilizado para o mercado), são obrigados a ter um sistema de rastreabilidade.

Quando se tem um sistema informatizado (software) é tranquilo de fazer a rastreabilidade, pois cada setor vai alimentando suas informações e o software cuida de organizá-las automaticamente, daí quando precisamos acionar a rastreabilidade ele entrega o que precisamos. O problema é quando a rastreabilidade é feita por meio de planilhas do Excel onde cada setor deve alimentar e controlar manualmente suas informações e no final, todas as planilhas ao se cruzarem devem dar o mesmo resultado, é preciso tomar muito cuidado com este controle manual.

COMO FAZER

1. Identifique todos os materiais que são armazenados na empresa, principalmente a matéria-prima e os componentes que farão parte do produto ou serviço.

2. A identificação pode ser através de placas ou outro meio disponível na empresa (mas, deve estar à vista de todos).

3. Identifique os seus produtos, cuidado com a família de produtos, por exemplo, se uma empresa fabrica vários tipos de cadeiras, ela não deve identificar o produto somente como "Cadeiras", pois devem existir vários modelos como cadeiras universitárias, cadeiras sem braço, cadeiras giratórias etc. Cada tipo de produto deve receber identificação própria.

4. Defina um método de rastreabilidade, não esqueça que a rastreabilidade deve contar a história do lote de produtos, desde a matéria-prima e componente empregado ao produto até seu destino de entrega. Se tiver recursos, contrate um software específico para isso, se não, estude um pouco mais sobre como montar a rastreabilidade através de planilhas de Excel.

8.5.3 - Propriedade pertencente a clientes ou fornecedores

"A organização deve tomar cuidado com propriedade pertencente a clientes ou provedores externos, enquanto estiver sob o controle da organização ou sendo usada pela organização. A organização deve identificar, verificar, proteger e salvaguardar propriedade de clientes ou provedores externos provida para uso ou incorporação nos produtos e serviços. Quando a propriedade de um cliente ou provedor externo for perdida, danificada ou de outra maneira constatada inadequada para uso, a organização deve relatar isso para o cliente ou provedor externo e reter informação documentada sobre o que ocorreu."

Quando você viaja de avião e tem uma bagagem consideravelmente grande, precisa despachar sua mala no checkin e depois seguir tranquilo para a aeronave. Enquanto você está no avião, a equipe da empresa aérea está nos bastidores cuidando da sua bagagem. A empresa aérea está com suas malas e sabe que precisa tomar o máximo cuidado, ela deve cuidar da bagagem como se fosse dela.

Quando a organização possui alguma propriedade do cliente deve desenvolver um método de preservação, cuidando como se fosse sua.

Exemplos de propriedade do cliente:

- Projetos
- Desenho técnico
- Componentes a ser incorporado em um produto
- Embalagens
- Equipamentos

Quando essa propriedade do cliente ou fornecedor for perdida ou danificada, a organização deve registrar os problemas e informar ao cliente.

> **COMO FAZER**
>
> 1. Identifique se existe alguma propriedade do cliente de posse da empresa.
>
> 2. Desenvolva um método (fluxograma ou insira em um procedimento existente) de como preservar a propriedade do cliente, inclusive, como deve ser a comunicação com o cliente em casos de danificação do produto.

8.5.4 - Preservação

> *"A organização deve preservar as saídas durante produção e provisão de serviço na extensão necessária, para assegurar conformidade com requisitos."*

A organização precisa criar métodos de preservação tanto para componentes quanto para o produto acabado. Aqui entra em cena a equipe de almoxarifado e armazenamento para garantir que os insumos e os produtos não se deteriorem ao longo do tempo.

A preservação pode incluir:

- A identificação dos materiais, inclusive, com seu tempo de vida útil.
- A forma correta de manuseio, alguns materiais são mais sensíveis que outros e não podem simplesmente ser empilhados de qualquer forma, geralmente há uma quantidade limite.
- Controle de contaminação, principalmente se estiver tratando com alimentos ou produtos químicos.
- As embalagens, algumas podem ser feitas de materiais frágeis como o papelão e não vão suportar umidades.
- O tipo de armazenamento, a depender do local, é preciso ter ventilação, temperatura adequada e estocagem conforme tipo do produto.
- A preservação durante o transporte interno e externo é outra precaução que a empresa deve ter, do que adianta

tomar todos os cuidados no processo de fabricação e quando for transportar o produto ser danificado.

- Todos os materiais armazenados precisam de proteção contra ações da natureza como poeiras, umidades, altas ou baixas temperaturas etc. Muitas empresas usam a sílica-gel para proteção.

COMO FAZER

1. Desenvolva um plano de preservação e inclua a lista dos materiais armazenados e como devem ser preservados.

2. Inclua no plano, a periodicidade da preservação para cada tipo de material.

8.5.5 - Atividades de pós-entrega

"A organização deve atender aos requisitos para atividades pós-entrega associadas com os produtos e serviços. Na determinação da extensão das atividades pós-entrega requeridas, a organização deve considerar: a) os requisitos estatutários e regulamentares; b) as consequências indesejáveis potenciais associadas com seus produtos e serviços; c) a natureza, uso e o tempo de vida pretendido de seus produtos e serviços; d) requisitos do cliente; e) retroalimentação do cliente."

Considerando que os produtos já foram fabricados e enviados ao cliente, você deve definir as garantias e o suporte.

As atividades de pós-entrega que a norma ISO 9001 fala é exatamente oferecer um pós-venda ao cliente, não sabemos como o produto vai se comportar no início do período de uso, por isso, é necessário definir o método de suporte.

Ao criar o método de pós-entrega, a organização precisa levar em consideração:

- O que diz a legislação local, por exemplo, no Brasil a garantia por Lei deve ser de 90 dias independente de quaisquer situações. Quando a venda for online, o cliente tem um prazo de até 7 dias para devolver caso fique insatisfeito.

- Levar em consideração também o levantamento das falhas potenciais que o produto pode apresentar.
- O tempo de vida do produto ou mau uso dele, sim, pois nem sempre a falha no produto é um defeito de fabricação, às vezes o próprio cliente danifica o produto.
- Levar em consideração as reclamações do cliente.

Dependendo do tipo de componente que seu produto leva, pode ser que a empresa seja responsável pelo seu recolhimento.

COMO FAZER

1. Defina o método da pós-entrega (como será o processo de garantia).

2. Defina o prazo de garantia da empresa que será somado aos 90 dias por lei no caso do Brasil.

3. Defina canais de comunicação para o cliente no pós-entrega.

8.5.6 - Controle de mudanças

"A organização deve analisar criticamente e controlar mudanças para produção ou provisão de serviços na extensão necessária para assegurar continuamente conformidade com requisitos. A organização deve reter informação documentada, que descreva os resultados das análises críticas de mudanças, as pessoas que autorizam a mudança e de quaisquer ações necessárias decorrentes da análise crítica."

As mudanças são imprescindíveis em processos de produção, afinal, a tecnologia tem avançado muito rápido e novos métodos surgem a todo tempo no mercado, é claro que as organizações querem fazer parte das melhorias, assim, será possível reduzir custos e aumentar seus lucros.

Por mais bonitas que sejam, as mudanças atraem muitos riscos e não sabemos o que vem depois. Sempre esperamos que as mudanças tragam bons resultados, mas as vezes, ao invés de trazer benefícios, uma mudança mal planejada pode causar uma série de prejuízos no processo de produção.

A norma ISO 9001 determina que ao fazer uma mudança significativa no processo de produção, uma análise crítica deve ser feita. Nesta análise, os responsáveis precisam prever os riscos, criar mecanismos de proteção e assim, diminuir as chances de erros nas mudanças. O resultado dessa análise precisa ser evidenciado como informação documentada.

COMO FAZER

1. Defina o método os níveis de mudança na produção para identificar aquelas que são significativas no processo.

2. Desenvolva o processo de mudanças na produção e registre em um fluxograma ou inclua no procedimento de produção.

3. Registre a análise crítica das mudanças significativas na produção, o registro pode ser em ata de reunião ou e-mail oficial.

8.6 – Liberação de produtos e serviços

"A organização deve implementar arranjos planejados, em estágios apropriados, para verificar se os requisitos do produto e do serviço foram atendidos. A liberação de produtos e serviços para o cliente não pode proceder até que os arranjos planejados forem satisfatoriamente concluídos, a menos que de outra forma tenham sido aprovados por autoridade pertinente e, como aplicável, pelo cliente. A organização deve reter informação documentada sobre a liberação de produtos e serviços. A informação documentada deve incluir: a) evidência de conformidade com os critérios de aceitação; b) rastreabilidade à(s) pessoa(s) que autoriza(m) a liberação."

Este é o requisito da norma ISO 9001 que fala sobre as inspeções de qualidade. Inspeção é o mesmo que verificação e consiste em fazer uma conferência das características do produto ou serviços com os requisitos estabelecidos.

O processo de inspeção deve ser implementado em vários estágios da organização:

- No recebimento dos materiais;

- Durante a produção; e
- No produto acabado.

Existem vários tipos de inspeção da qualidade, as mais utilizadas são as inspeções de dimensional, onde são verificadas as características técnicas do produto como espessura, largura, comprimento, diâmetro, peso etc. e as inspeções visuais, onde verifica-se as características de performance do produto, como cores, acabamento, layout, uso, desempenho etc.

Um produto ou serviço não deve ser entregue ao cliente antes de sua inspeção final, inclusive, esse é o último estágio de verificação de falhas, se o erro passar despercebido pela inspeção, o cliente vai receber o produto com defeito.

A norma ISO 9001 determina que haja informação documentada sobre essas inspeções, chamamos de Relatório de Inspeção. Os responsáveis pela inspeção também devem ser identificados.

COMO FAZER

1. Selecione e garanta o treinamento das pessoas responsáveis pela inspeção da qualidade.

2. Providencie os equipamentos de medição que serão utilizados, inclusive, com as devidas calibrações.

3. Monte um plano de inspeção (um cronograma de inspeção conforme as demandas de produção, inclua os recursos necessários).

4. Desenvolva um relatório de inspeção.

RELATÓRIO DE INSPEÇÃO E RECEBIMENTO DE MATERIAIS										
Projeto:					Contrato:					
Local da inspeção:										
Requisitos:										
Produto:										
Código | TAG:										
Equipamento de medição:										
ITEM	DESCRIÇÃO DO MATERIAL	NÚMERO DE SÉRIE	QTDE	Medida 1	Medida 2	Medida 3	Medida 4	Medida 5	ACESSÓRIOS	DOCUMENTOS	LAUDO
1										
2										
3										

Figura 29 - Relatório de inspeção

8.7 – Controle de saída não conforme

> *"8.7.1 A organização deve assegurar que saídas que não estejam conformes com seus requisitos sejam identificadas e controladas para prevenir seu uso ou entrega não pretendido. A organização deve tomar as ações apropriadas baseadas na natureza da não conformidade e em seus efeitos sobre a conformidade de produtos e serviços. Isso deve também se aplicar aos produtos e serviços não conformes detectados após a entrega de produtos, durante ou depois da provisão de serviços. A organização deve lidar com saídas não conformes de um ou mais dos seguintes modos: a) correção; b) segregação, contenção, retorno ou a suspensão de provisão de produtos e serviços; c) informar o cliente; d) obtenção de autorização para aceitação sob concessão. A conformidade com os requisitos deve ser verificada quando saídas não conformes forem corrigidas. 8.7.2 A organização deve reter informação documentada que: a) descreva a não conformidade; b) descreva as ações tomadas; c) descreva as concessões obtidas; d) identifique a autoridade que decide a ação com relação à não conformidade."*

Mesmo monitorando os riscos, é possível que produtos e serviços apresentem não conformidades, ou seja, não atendam aos requisitos estabelecidos. Quando isso acontece, a organização precisa identificar e tratar essas falhas para que os clientes não recebam o produto ou serviço não conforme.

Toda não conformidade gera um efeito negativo para os processos da organização, alguns mais leves, porém, todos causam prejuízos. As ações de correções precisam ser tomadas a fim de evitar que o problema se espalhe.

As ações para corrigir os problemas devem se estender para aqueles produtos ou serviços que já saíram da empresa, independente se o cliente identificou ou não.

Pode acontecer do cliente aceitar o produto mesmo com defeito, neste caso, você deve abrir uma concessão com o cliente onde ele declara que aceita o produto mesmo apresentando algum tipo de defeito. Isso não quer dizer que você não deva tratar o problema, pois é uma situação que não deveria ter acontecido.

COMO FAZER

1. Identifique o problema.

2. Tome uma ação imediata para conter o problema.

3. Informe ao cliente que ele recebeu um produto não conforme, se for o caso.

4. Obtenha a concessão do cliente, se aplicável.

5. Caso o cliente responda que deseja um novo produto, a empresa deve combinar a devolução do produto não conforme.

6. O produto não conforme deve ser segregado e identificado (mesmo quando identificado antes de chegar ao cliente).

É preciso ter informação documentada de todas as tratativas da não conformidade. Vamos trazer mais detalhes e os métodos de tratamento de não conformidade no requisito 10.2, inclusive, com um modelo de Relatório de Ação Corretiva.

SEÇÃO 9 – AVALIAÇÃO DE DESEMPENHO

Esta seção da norma é para ser aplicada quando todo o sistema de qualidade já estiver implementado e funcionando, porque a missão dela é avaliar os resultados.

9.1.1 – Generalidades

> "A organização deve determinar: a) o que precisa ser monitorado e medido; b) os métodos para monitoramento, medição, análise e avaliação necessários para assegurar resultados válidos; c) quando o monitoramento e a medição devem ser realizados; d) quando os resultados de monitoramento e medição devem ser analisados e avaliados. A organização deve avaliar o desempenho e a eficácia do sistema de gestão da qualidade. A organização deve reter informação documentada apropriada como evidência dos resultados."

A organização precisa definir o monitoramento, comece listando os objetivos e metas, os planos de ação e o levantamento de riscos.

Outra forma de encontrar o que precisa ser monitorado é mapeando os processos, assim, será possível enxergar tudo que precisa de acompanhamento.

Quando estiver com a lista do que precisa ser monitorado, defina o método que vai fazer o acompanhamento dos resultados, geralmente o método consiste em coletar os dados, fazer o tratamento dos dados e publicar em um dashboard.

Um bom plano de monitoramento e medição consiste em definir:

- Quando os dados serão coletados
- Como será feito o tratamento dos dados
- Onde os resultados serão apresentados (dashboard no Excel ou no Power BI) e
- Quando os dados serão analisados criticamente quanto aos resultados.

A norma ISO 9001 determina que haja informação documentada como evidência do monitoramento e medição dos dados.

COMO FAZER

1. Faça uma listagem de tudo que precisa ser monitorado (objetivos, metas, plano de ação, levantamento de riscos, processos etc.).

2. Determine como será feita a coleta de dados.

3. Faça a mineração dos dados (retire os dados desnecessários).

4. Faça a análise dos dados (análise estatística, diagnóstica etc.).

5. Apresente os resultados em um dashboard que pode ser feito no Excel ou no Power BI.

9.1.2 - Satisfação do cliente

> *"A organização deve monitorar a percepção de clientes do grau em que suas necessidades e expectativas foram atendidas. A organização deve determinar os métodos para obter, monitorar e analisar criticamente essa informação."*

Toda organização possui clientes, mesmo aquelas sem fins lucrativos (onde o cliente são os beneficiados). Os clientes podem ser pessoas físicas ou jurídicas.

O cliente é alguém que paga e espera ter suas necessidades atendidas pela empresa, quando isso não acontece, dizemos que o cliente ficou insatisfeito e pode não querer mais fazer negócios com a empresa. Mas como saber se as expectativas dos clientes estão sendo atendidas?

A organização deve monitorar a percepção do cliente, criar métodos que demonstrem a sua satisfação. Existem várias formas de medir o atendimento às necessidades do cliente:

- **Pesquisa de satisfação** - este é o método mais famoso e talvez o mais efetivo, porém, pode ser um problema para alguns. Vejo muitos profissionais reclamando que enviam uma pesquisa, mas o cliente simplesmente ignora e isso afeta o monitoramento, outros decidem dar incentivos para o cliente, tipo responda e ganhe um "mimo". O certo é que a maioria dos clientes quando está satisfeito não tem muito interesse em demonstrar sua satisfação, totalmente ao contrário de quando ele sai insatisfeito, o cliente dedica o tempo que for preciso para procurar os canais de reclamação. A pesquisa de satisfação do cliente pode ser via formulário, via telefone, via e-mail etc.

- **Reuniões com o cliente** - Esse método é aplicável quando a organização possui um cliente "fixo" que está sempre comprando produtos ou serviços e constantemente se reúne para tratar de assuntos relativos aos negócios. Aproveita-se um tempo nessa reunião para conversar com o cliente sobre sua satisfação com o atendimento e a qualidade.

- **Reclamações do cliente** - Esse método consiste em analisar quantas e quais reclamações foram feitas pelo cliente em determinado período. Compara-se o número de produtos/serviços entregues com o número de reclamações. Para este método funcionar, é preciso que o cliente conheça todos os canais de comunicação com a empresa, pois alguém pode ficar insatisfeito, mas não encontrar onde fazer a reclamação.

COMO FAZER

1. Defina o método de medir a satisfação do cliente (pesquisa, reunião etc.).

2. Colete os dados da satisfação do cliente.

3. Faça uma análise crítica do resultado.

4. Se preciso, faça a retroalimentação do cliente (plano de ação para solucionar os problemas de insatisfação).

9.1.3 - Análise e avaliação

"A organização deve analisar e avaliar dados e informações apropriados provenientes de monitoramento e medição. Os resultados de análises devem ser usados para avaliar: a) conformidade de produtos e serviços; b) o grau de satisfação de cliente; c) o desempenho e a eficácia do sistema de gestão da qualidade; d) se o planejamento foi implementado eficazmente; e) a eficácia das ações tomadas para abordar os riscos e oportunidades; f) o desempenho dos provedores externos; g) a necessidade de melhorias no sistema de gestão da qualidade."

Aqui é o momento de analisar estatisticamente os dados e informações geradas pelo sistema de gestão da qualidade. O processo de análise de dados consiste na coleta, transformação e verificação dos resultados. O analista pode se utilizar de recursos como softwares específicos para cálculos e avaliações estatísticas.

A análise estatística pode ser do tipo descritiva e inferencial. A análise descritiva é aquela que se utiliza de 100% dos dados ou uma amostra e apresenta resultados como média, desvio padrão, mínimo, máximo, percentual etc. A análise inferencial usa uma amostra aleatória para representar o resultado da população. Usa-se a análise estatística inferencial quando não é possível trabalhar com 100% dos dados.

Existem ainda o tipo de análise diagnóstica que procura demonstrar o *"por que aconteceu?"*, geralmente encontrando as causas de um resultado. E tem a análise preditiva que mostra *"o que provavelmente vai acontecer"*.

Se você deseja se aprofundar na análise de performance, clique no link a seguir e veja mais: https://ead.petracursos.com.br/curso/analista-de-performance .

COMO FAZER

1. Defina o método de análise de dados a ser utilizado.

2. Analise criticamente os resultados (defina um período de análise).

3. Registre os resultados.

9.2 – Auditoria interna

"9.2.1 A organização deve conduzir auditorias internas a intervalos planejados para prover informação sobre se o sistema de gestão da qualidade; a) está conforme com: 1) os requisitos da própria organização para o seu sistema de gestão da qualidade; 2) os requisitos desta Norma; b) está implementado e mantido eficazmente.
9.2.2 A organização deve: a) planejar, estabelecer, implementar e manter um programa de auditoria, incluindo a frequência, métodos, responsabilidades, requisitos para planejar e para relatar, o que deve levar em consideração a importância dos processos concernentes, mudanças que afetam a organização e os resultados de auditorias anteriores; b) definir os critérios de auditoria e escopo para cada auditoria; c) selecionar auditores e conduzir auditorias para assegurar a objetividade e a imparcialidade do processo de
auditoria; d) assegurar que os resultados das auditorias sejam relatados para a gerência pertinente; e) executar correção e ações corretivas apropriadas sem demora indevida; f) reter informação documentada como evidência da implementação do programa de auditoria e dos resultados de auditoria."

Outra forma de monitorar o sistema de gestão da qualidade é através da auditoria interna. Existem pelo menos três tipos de auditoria:

- **Auditoria de 3ª parte**: são as auditorias de certificação e de acreditação, geralmente realizadas por órgãos certificadores.
- **Auditoria de 2ª parte**: são auditorias realizadas por clientes em seus fornecedores com o intuito de saber se os requisitos do contrato estão sendo cumpridos.
- **Auditoria de 1ª parte**: é a auditoria realizada internamente pela própria empresa. Ela vai mostrar se a organização está cumprindo os requisitos da norma, da própria empresa e do SGQ.

A organização deve determinar a periodicidade de realização das auditorias de 1ª parte, geralmente são realizadas antes de acontecer as auditorias de 3ª parte. O mais comum é que seja realizada entre seis e doze meses, garantindo que todos os processos do escopo estejam no programa.

O grande objetivo da auditoria interna é saber se a o SGQ está com os requisitos implementados e funcionando. Infelizmente, tenho visto muitas empresas passarem o ano inteiro sem dar a devida atenção ao SGQ e somente quando se aproxima a auditoria é que começa a "gerar" evidências para o auditor, esse não é um comportamento adequado.

Em nossos cursos de auditoria, mostro as técnicas para o futuro auditor descobrir se o SGQ está implementado: https://ead.petracursos.com.br/curso/auditor-de-qualidade-iso-9001

A organização deve estabelecer um programa de auditorias que contemple no mínimo:

- A frequência de auditorias (periodicidade);
- O método da auditoria (presencial ou remota);
- Os responsáveis pela auditoria (auditores);
- Critérios, ou seja, em quais requisitos a auditoria será baseada (normas, procedimentos, contratos etc.).

Os resultados provenientes da auditoria devem ser comunicados à gerência pertinente, ou seja, o gestor do processo auditado. Essa comunicação é importante porque essa gerência vai analisar os resultados e prover recursos que se fizerem necessários para correção, quando aplicável.

Este livro não tem como objetivo ensinar a fazer uma auditoria interna, existe uma norma específica que direciona os métodos de uma auditoria, estou falando da norma ISO 19011.

Uma auditoria interna costuma gerar o que chamamos de não conformidades, quando algum requisito não é atendido pela organização. A norma ISO 9001 determina que as causas sejam identificadas e ações corretivas implementadas. Ao final, a auditoria interna precisa ser evidenciada como informação documentada, as empresas geram um relatório de auditoria que contempla todas as evidências necessárias.

COMO FAZER

1. Defina a periodicidade da auditoria interna (sugestão: coloque três meses antes da auditoria externa de certificação ou manutenção).

2. Elabore o programa da auditoria incluindo:

- O objetivo da auditoria

- A duração da auditoria

- O escopo (processos)

- Os critérios (normas, procedimentos)

- As datas e

- Os auditores).

PROGRAMA DE AUDITORIA INTERNA															
Objetivo: Duração:									FOR-001 - Rev. 01 - dd/mm/aaaa						
Processos/Requisitos	Auditores Internos (Iniciais)	Frequência (meses)	Status	Janeiro	Fevereiro	Março	Abril	Maio	Junho	Julho	Agosto	Setembro	Outubro	Novembro	Dezembro
Observação															
Data:															
Elaborado por:															

Figura 30 - Programa de auditoria

9.3 – Análise crítica pela direção

A seção 9 da norma ISO 9001 termina falando sobre a análise crítica que deve ser feita pela direção. A direção aqui envolve toda liderança da organização que dirige processos relacionados ao escopo do sistema de gestão da qualidade.

9.3.1 - Generalidades

> "A Alta Direção deve analisar criticamente o sistema de gestão da qualidade da organização, a intervalos planejados, para assegurar sua contínua adequação, suficiência, eficácia e alinhamento com o direcionamento estratégico da organização."

Grande parte das organizações fazem a análise crítica pela direção no formato de uma reunião, nela participam diretores, gerentes, supervisores e pessoas ligadas à liderança. O objetivo é garantir que o SGQ está sendo atendido por todos os processos, bem como gerar ações de melhoria para os períodos seguintes.

A análise crítica pela direção precisa ter uma periodicidade definida. Não é bom que esse período seja muito curto, assim não haverá tempo suficiente para ver o sistema rodar, também não é interessante prolongar muito esse período, correndo o risco de o sistema apresentar mau desempenho no intervalo. Como boa prática, faça no mínimo a cada três meses e no máximo a cada doze meses, sendo seis meses o período ideal.

Infelizmente tenho visto muitas empresas fingirem que fazem a análise crítica pela direção, muitas vezes alegando que é perda de tempo ou que a liderança não pode parar nem que seja por quatro horas (tempo estimado de uma análise crítica). Como a norma exige evidência documentada para este requisito, muitas empresas apenas fabricam um relatório como se a análise crítica tivesse sido realizada por todos os líderes, quando na verdade eles apenas leram o que alguém escreveu. Um bom auditor percebe quando um documento é *"fabricado"*, acho uma pena algumas empresas ainda terem essa mentalidade, pois a análise crítica traz informações muito importantes, inclusive, de cunho estratégico.

9.3.2 - Entradas de análise crítica pela direção

> *"A análise crítica pela direção deve ser planejada e realizada levando em consideração: a) a situação de ações provenientes de análises críticas anteriores pela direção; b) mudanças em questões externas e internas que sejam pertinentes para o sistema de gestão da qualidade; c) informação sobre o desempenho e eficácia do sistema de gestão da qualidade, incluindo tendências relativas a: 1) satisfação do cliente e retroalimentação das partes interessadas pertinentes; 2) extensão na qual os objetivos da qualidade foram alcançados; 3) desempenho de processo e conformidade de produtos e serviços; 4) não conformidades e ações corretivas; 5) resultados do monitoramento e medição; 6) resultados de auditoria; 7) desempenho de provedores externos; d) a suficiência de recursos; e) a eficácia de ações tomadas para abordar riscos e oportunidades (ver 6.1); f) oportunidades de melhoria."*

Para a realização da análise crítica pela direção, existe uma pauta mínima que deve totalmente observava e analisada:

A. **Situações provenientes de análise crítica anteriores** - A primeira pauta é analisar o resultado da análise crítica anterior, saber se as ações planejadas foram todas implementadas, se não, as pendências em aberto devem ser novamente avaliadas nessa nova análise.

B. **Mudanças em questões internas e externas que sejam pertinentes ao SGQ** - No período em análise, houve alguma mudança significativa que possa ter afetado o SGQ? Se sim, por que não foi feito o planejamento da mudança? ou por que os riscos não foram avaliados? Os efeitos ainda estão afetando o SGQ? Se sim, quais ações precisam ser tomadas? E, principalmente, o que fazer para mudanças não afetarem novamente o SGQ no próximo período?

C. **1. Satisfação do cliente e retroalimentação de partes interessadas** - Deve-se analisar quantas e quais reclamações provenientes do cliente foram registradas no período em análise. Quais ações foram tomadas em relação a retroalimentação do cliente? Se alguma ação já foi tomada, o cliente já deu retorno quanto às tratativas? Será preciso mais alguma ação?

2. Extensão na qual os objetivos da qualidade foram alcançados - Cada líder deve apresentar seus resultados do período, é o momento da apresentação dos dashboards. Se alguma meta não foi alcançada, é preciso saber se ações foram tomadas para recuperar o resultado, importante também analisar qual a gravidade dos efeitos por não ter atendido os objetivos. Uma boa análise de performance também inclui uma leitura dos resultados mesmo estando dentro das metas, muitas vezes pode estar atendendo os objetivos, mas já no limite, em casos como esse é preciso tomar ações de prevenção.

3. Desempenho de processo e conformidade de produto/serviço – Temos aqui uma extensão do item C.2, a direção precisa analisar criticamente o desempenho geral de cada processo, como eles se comportaram nos diversos estágios do período.

4. Não conformidade e ações corretivas - A gerência da qualidade deve apresentar todas as não conformidades identificadas no período, classificando-as por grau de criticidade e por origem do problema. Analisa-se também quantas já foram encerradas e quantas ainda estão em aberto dentro e fora do prazo, se estiverem atrasadas deve-se apresentar uma nova solução.

5. Resultados de monitoramento e medição - Aqui podem ser tratados assuntos de análise de dados como visto em 9.1 e resultados de calibração (7.1.5).

6. Resultados de auditoria - Quantas auditorias foram realizadas no período de análise? Quantas falhas foram identificadas? Quais processos apresentaram mais deficiência? Quantas não conformidades provenientes da auditoria ainda estão abertas e o que falta para encerrá-las? Se no período não houve nenhuma auditoria é preciso informar, nunca deixe de citar essa pauta na análise crítica.

7. Desempenho de fornecedores - Vimos no requisito 8.4 que os fornecedores externos precisam passar por processos de seleção e avaliação de desempenho, então, nesse item da análise crítica pela direção é preciso analisar o resultado do desempenho dos fornecedores. Saber o índice de aprovação e quais fornecedores tiveram notas abaixo do esperado.

D. **Suficiência de recursos -** A alta direção deve analisar se os recursos disponibilizados no período foram suficientes para atingir os resultados, em caso negativo, deve-se justificar a falta dos recursos e provisioná-los.

E. **Eficácia de ações tomadas para riscos e oportunidades** - Você sabe que eficácia está relacionada aos resultados, logo, para saber se as ações foram eficazes basta analisar se os riscos previstos no período foram neutralizados.

F. **Oportunidades para melhoria** - Aqui é preciso analisar quantas e quais oportunidades de melhorias foram sugeridas e implementadas. Analisar também quais foram os ganhos com essas melhorias sugeridas.

9.3.3 - Saídas de análise crítica pela direção

> *"As saídas da análise crítica pela direção devem incluir decisões e ações relacionadas com: a) oportunidades para melhoria; b) qualquer necessidade de mudanças no sistema de gestão da qualidade; c) necessidade de recurso. A organização deve reter informação documentada como evidência dos resultados de análises críticas pela direção."*

A principal diferença entre as entradas e as saídas da análise crítica pela direção, é que a primeira analisa tudo que aconteceu no período anterior e a segunda faz uma análise para o próximo.

A. **Oportunidade para melhoria** - Esse item acaba confundindo alguns profissionais, afinal, ele foi o último citado nas entradas de análise crítica, a diferença é que agora a direção precisa listar quais são as oportunidades de melhoria que devem ser aplicadas no próximo período, é um momento em que os setores vão barganhar com a diretoria para implementação de recursos com vistas a melhorar o sistema. É importante que o autor da melhoria já apresente os detalhes como etapas da implementação, recursos que serão necessários, orçamento e principalmente qual o retorno que a melhoria vai proporcionar.

B. **Necessidade de mudança no SGQ** - Deve-se apresentar qualquer necessidade de mudança para o próximo período dentro do SGQ, por exemplo, mudar o local de armazenamento, ou mudar os procedimentos, enfim, listar tudo que for necessário para mudanças.

C. **Necessidade de recursos** - Esse item pode confundir um pouco com a oportunidade de melhoria, mas aqui é possível listar os recursos necessários mesmo sem ser necessariamente uma melhoria para o processo, uma troca de equipamento, mais pessoas na equipe, são exemplos de recursos necessários para o próximo período.

A análise crítica pela direção deve ser evidenciada como informação documentada, a maioria das organizações fazem esse registro através do Relatório de Análise Crítica pela

Direção, que contempla além da pauta mínima, todas as ações, prazos e responsáveis.

COMO FAZER

1. Agende uma reunião com todos os líderes de processos.

2. Peça para eles trazerem os resultados do último período.

3. Garanta que durante a análise crítica:

   - Todas as pautas (entradas e saídas) sejam analisadas.

   - Seja elaborado um plano de ação para cada uma das pautas.

4. Elabore um relatório ou ata de reunião com o conteúdo da análise crítica pela direção.

		REGISTRO DA ANÁLISE CRÍTICA PELA DIREÇÃO			N.º: 001 PERÍODO: Janeiro a Junho de 20xx
Local: Sede da empresa		Início: 08h30min	Término: 15h30min		Data: xx/xx/xxxx
		ASSUNTOS ANALISADOS			
Item	Entradas da Análise Crítica	Resultados e Conclusões	Ações	Responsável	Prazo
1.	Auditorias Internas e Externas	1.1 – Auditoria Interna No período foi auditoria interna do Sistema de Qualidade da RAPADURA TREND, realizada pela equipe de auditores internos. Foram registradas 13 não conformidades de grau menor, a saber: • 10 no processo de produção; • 02 no processo de suprimentos; e, • 01 no SGQ.	Abrir os RNCs e efetuar as correções.	Gerentes dos processos	xx/xx/xx
		1.2 – Auditoria Externa No período não foi realizada nenhuma auditoria externa.	---	---	---

Figura 31 - Exemplo Relatório de Análise Crítica

SEÇÃO 10 – MELHORIA

Nesta seção, a norma vai tratar de três pontos fundamentais para o sistema de gestão da qualidade: Propostas de melhoria, ações corretivas e melhoria contínua.

10.1 – Generalidades

> *"A organização deve determinar e selecionar oportunidades para melhoria e implementar quaisquer ações necessárias para atender a requisitos do cliente e aumentar a satisfação do cliente. Essas devem incluir:*
> *a) melhorar produtos e serviços para atender a requisitos assim como para abordar futuras necessidades e expectativas; b) corrigir, prevenir ou reduzir efeitos indesejados; c) melhorar o desempenho e a eficácia do sistema de gestão da qualidade."*

Já vimos anteriormente que o foco é a satisfação do cliente, a norma entende que um fator fundamental para atender e até superar as expectativas do cliente é a implementação de melhorias.

A organização deve criar um método para coleta, avaliação e implementação de propostas de melhoria que visem otimizar a experiência com os clientes. O fato da empresa não ter proposto nenhuma melhoria de processos dentro de um período, pode caracterizar como uma não conformidade.

As propostas de melhoria devem visar melhorar os produtos e serviços, corrigir, prevenir ou até reduzir efeitos indesejados. Apesar da norma não exigir evidência documentada para este requisito, entende-se que as proposições de melhorias precisam ser evidenciadas de alguma forma.

COMO FAZER

1. Crie uma campanha interna para coletar propostas de melhoria.

2. Colete todas as sugestões de melhoria.

3. Classifique por tema as sugestões recebidas.

4. Selecione as propostas de melhoria para aplicação.

5. Dê um feedback justificando as propostas de melhoria que não serão implementadas.

6. Aplique as melhorias e gere evidências.

PROPOSTA DE MELHORIA

TÍTULO DA MELHORIA:

RESPONSÁVEL PELA IDENTIFICAÇÃO:

RESPONSÁVEL PELA ANÁLISE E APROVAÇÃO DA OPORTUNIDADE DE MELHORIA:

1. PROCESSO ATUAL (Descrição breve do processo ou equipamento atual que deseja melhorar)

2. PROBLEMAS (Descrição breve dos problemas que se procuram eliminar).

3. PROPOSTA DE MELHORIA (Descrição da proposta).

4. COMO GARANTIR QUE A PROPOSTA SERÁ EFICAZ?

Figura 32 - Proposta de melhoria

10.2 – Não conformidades e ação corretiva

> *"10.2.1 Ao ocorrer uma não conformidade, incluindo as provenientes de reclamações, a organização deve: a) reagir à não conformidade e, como aplicável: 1) tomar ações para controlá-la e corrigi-la; 2) lidar com as consequências; b) avaliar a necessidade de ação para eliminar a(s) causa(s) da não conformidade, a fim de que ela não se repita ou ocorra em outro lugar: 1) analisando criticamente e analisando a não conformidade; 2) determinando as causas da não conformidade; 3) determinando se não conformidades similares existem, ou se poderiam potencialmente ocorrer; c) implementar qualquer ação necessária; d) analisar criticamente a eficácia de qualquer ação corretiva tomada; e) atualizar riscos e oportunidades determinados durante o planejamento, se necessário; f) realizar mudanças no sistema de gestão da qualidade, se necessário. Ações corretivas devem ser apropriadas aos efeitos das não conformidades encontradas. 10.2.2 A organização deve reter informação documentada como evidência: a) da natureza das não conformidades e quaisquer ações subsequentes executadas; b) dos resultados de qualquer ação corretiva."*

Podemos conceituar não conformidade como não atendimento a um requisito, quando erramos o alvo podemos considerar que aconteceu uma falha.

Não deveria, mas as falhas são comuns em processos, isso se deve principalmente porque temos o fator humano em ação. As pessoas não são máquinas e muitas vezes a origem das causas estão relacionadas a elas, tanto é que a tendência é de que os processos fiquem cada vez mais automatizados, o que também não vai eliminar as falhas. Não estou pregando que as pessoas são as culpadas pelas não conformidades, longe disso, quero dizer que as ações de correção também devem focar nas melhores condições para as pessoas.

Sempre que ocorrer uma não conformidade, a organização precisa agir imediatamente, não se pode fazer "vista grossa" para problemas por menor que eles sejam.

Identificação

Tudo começa com a identificação do problema, sempre que faço mentorias ou treinamentos sobre a qualidade, pergunto se todos na empresa podem identificar uma não conformidade, quando a resposta é uma negativa, eu tento convencer a abrir espaço para que todos na empresa possam fazer essa identificação.

Os problemas não escolhem hora e local para aparecer, basta ter uma "faísca" de risco para ele se materializar e quando isso acontece, sempre vai haver um desperdício. Quando você ensina à toda força de trabalho sobre as não conformidades e a importância de identificá-las, o processo de tratamento flui melhor e a equipe vai ter mais chances de encontrar as falhas ocultas, aquelas que são vistas somente até certo nível da hierarquia.

Ao identificar uma não conformidade, certifique-se de listar todos os detalhes, afinal, um problema bem identificado já é meio caminho andado para solução.

- O que aconteceu?
- Quais seus efeitos?
- Onde aconteceu (linha de produção 1, armazenamento do galpão 1 etc)?
- Relacionado à qual produto? TAG, número de série, lote etc.
- Qual o processo de origem?
- Contrariou alguma norma ou procedimento?
- Quem identificou o problema?

Essas são apenas algumas perguntas que você pode responder e montar o texto da identificação do problema. Exemplo:

> *"As embalagens do produto X, lote 345-U, localizados na área de expedição EXP-02 estão com falhas na impressão, não sendo possível identificar os componentes e o conteúdo, contrariando o item 5.4.3 do procedimento PR-001 - Embalagens de produtos".*

Observação

Uma vez que a não conformidade foi devidamente identificada e você já sabe onde é a fonte do problema, podemos nos dirigir ao local para anotar todas as observações possíveis:
- Qual o fornecedor dessa embalagem?
- Já tivemos lotes enviados com esse problema?
- Qual o histórico do problema?
- Quando recebemos essas embalagens?
- Onde elas estavam armazenadas antes do seu uso?
- O que diz o relatório de recebimento?

Essas são apenas algumas observações que devem ser feitas antes da investigação da causa raiz, aliás, a observação serve de base para esta análise.

A observação pode ser feita em uma sala, mas aconselho que também seja feita uma visita *in loco* para ter uma visão mais ampla da situação.

Ação imediata (ou de contenção)

Ao observar a gravidade do problema, seria importante tomar uma ação para conter os efeitos, ou seja, não permitir que ele gere mais prejuízos ou até desencadear novas não conformidades.

A ação imediata deve ser tomada logo após a identificação do problema, por exemplo:

- Máquina M34 da linha de produção parou;

- Ação imediata: Consertar máquina e devolver para a linha de produção.

A ação acima não resolveu o problema, apenas conteve a situação para não gerar mais prejuízos com a linha parada, da forma que foi feito nada impede da máquina quebrar novamente amanhã. Corrigir o problema requer encontrar a causa raiz e pode levar um tempo para isso.

Análise da causa raiz

Esta é a fase mais importante no processo de tratamento de não conformidades, costumo dizer que aqui localiza-se o coração da solução do problema. Uma investigação de causa malfeita, além do problema voltar a acontecer, vai gerar um prejuízo para a organização.

Um problema pode ter uma ou várias causas, o profissional da qualidade precisa estar atento ao método de análise. Quando o problema for crítico, não aconselho usar o método de análise dos *5 PORQUÊS*, ela leva somente para uma direção, baseado na primeira resposta. Utilize essa ferramenta somente quando o problema for extremamente simples.

Para problemas mais críticos, use ferramentas como o *Diagrama de Causa e Efeito* que lhe apresenta diversas variáveis para as causas do problema. Essa ferramenta parte do princípio que todos os problemas no ambiente organizacional podem estar atrelados a pelo menos seis causas principais: Mão de obra, materiais, máquinas, método, meio ambiente e medidas.

Outras ferramentas que também poderão ajudar na investigação da causa raiz do problema são o *Diagrama de Árvore* e o *Diagrama de Dispersão*. Este último é muito bom para confirmar estatisticamente se as causas estão relacionadas ao problema, inclusive, mostrando a correlação em percentual. Para saber como usar essas ferramentas, acesse:

https://ead.petracursos.com.br/curso/ferramentas-da-qualidade/

O resultado da investigação da causa raiz do problema deve ser confirmada, por exemplo, se no problema das embalagens for detectado que a possível causa foi falta de treinamento da equipe de armazenamento, deve-se procurar o setor de Recursos humanos da empresa e confirmar se houve treinamento, em caso positivo, a causa do problema não foi falta de treinamento.

Ação Corretiva

A primeira regra que um profissional da qualidade jamais deve esquecer é que a ação corretiva, sempre, eu falei sempre, deve ser com base na causa raiz. Fico triste quando estou fazendo auditorias e me deparo com situações em que a causa raiz é X e ação corretiva baseia-se em tudo, menos em X, considero isso um erro primário da qualidade.

Uma ação corretiva é totalmente diferente de uma ação imediata, esta última não resolve o problema, a ação corretiva sim, deve solucionar o problema para ele não voltar a acontecer.

Você pode tomar quantas ações corretivas quiser, desde que a principal esteja lá (aquela que elimina a causa raiz). Existem diversas alternativas para o planejamento da ação corretiva, procure aquelas que estão de acordo com os recursos da organização.

Implementação

O plano de ação corretiva não deve ficar só no papel, a implementação no prazo determinado é de fundamental importância para o bem da organização. O problema só será resolvido mediante a materialização da ação corretiva, a implementação deve ser feita por profissionais qualificados.

Verificação de eficácia

A verificação de eficácia é a contraprova de que a implementação das ações corretivas surtiu os resultados esperados, até este momento não sabemos se as ações definidas tiveram sucesso.

Esta etapa da solução de problemas só poderá ser acionada quando as implementações tiverem sido concluídas. Outra regra para a avaliação de eficácia é que ela não deve ser feita no dia seguinte à implementação das ações, isso porque é preciso de um tempo para ter certeza de que o problema não vai retornar. Não existe um prazo estabelecido por norma para dizer em quanto tempo deve-se aplicar as verificações de eficácia, cada empresa poderá determinar seu prazo através de procedimentos ou manuais. Sugiro um período de pelo menos 30 dias após a implementação das ações corretivas.

Já atuei em empresas onde existia um prazo de 60 dias entre a abertura e o encerramento de uma não conformidade, confesso que eu não gostava muito da ideia, pois havia problemas em que as ações demandavam a vinda de produtos de outros países e esse prazo nem sempre era cumprido, isso sempre resultava na abertura de um novo problema.

Relatório de não conformidade e ações corretivas

A norma ISO 9001 diz que as ações de tratamento das não conformidades devem ser evidenciadas como informação documentada e uma boa oportunidade para isso é registrar tudo no mesmo relatório.

No Relatório de não conformidade podemos registrar:

- A identificação do problema
- O processo de origem do problema
- A data da identificação
- O responsável pela identificação
- A ação imediata e seu prazo
- O registro da análise da causa raiz
- O plano de ação das ações corretivas
- A concessão do cliente, quando aplicável
- O acompanhamento da implementação das ações corretivas
- A avaliação da eficácia
- As assinaturas para confirmar o encerramento.

Existe um método japonês que engloba tudo que falamos do tratamento de não conformidades, o Método de Análise e Solução de Problemas - MASP. Usado por diversas empresas, o MASP se mostra um método eficaz para resolver os problemas da empresa. Caso tenha interesse em aprender na prática como o MASP funciona, acesse:

https://ead.petracursos.com.br/curso/masp-solucao-de-problemas/

COMO FAZER

1. Elabore um procedimento ou fluxograma com o método de tratamento das não conformidades.

2. Siga o processo apresentado para tratamento de uma não conformidade.

3. Registre a não conformidade e ações corretivas em um formulário específico.

4. Crie um controle para todas as não conformidades.

Relatório de Não Conformidade e Ação Corretiva		
1. Origem da identificação ☐ AUDITORIA ☐ RECLAMAÇÃO DO CLIENTE ☐ QSMS ☐ OUTROS	**2. Área de origem do problema** ☐ QUALIDADE ☐ SUPRIMENTOS ☐ ENGENHARIA ☐ SMS ☐ PLANEJAMENTO ☐ PRODUÇÃO	☐ MANUTENÇÃO ☐ ADMINISTRATIVO ☐ OUTROS
3. Ação a ser tomada: ☐ CORRETIVA ☐ PREVENTIVA		
4. Descrição da Não Conformidade: (Descrever o ocorrido de forma clara)		
Identificada por:		
5. Ação Imediata: (O que deverá ser feito imediatamente)	**RESPONSÁVEL**	**PRAZO**
6. Análise da Causa Raiz (Investigação do motivo que originou o problema):		
7. Ação Corretiva/Preventiva: (A ação deverá ser em cima da causa raiz, de forma a eliminar o problema)	**RESPONSÁVEL**	**PRAZO**
8. Concessão/Comentários do Cliente: (Campo reservado para o Cliente fazer seus comentários/concessão)		
9. Implementação da Ação Corretiva / Preventiva:		
Data	Descrição	Responsável
10. Análise de Eficácia da Ação		
10.1. Houve reincidência da não conformidade? ☐ SIM ☐ NÃO		
10.2. A(s) ação(ões) foi(ram) eficaz(es)? ☐ SIM ☐ NÃO		
10.3. Evidência da eficácia da ação:		

_____ ___/___/_____

Figura 33 - Relatório de RNC e ação corretiva

RNC	Descrição do Evento / Situação / Desvio (real ou potencial) que originou a não conformidade	DATA	IDENTIFICADA POR	ORIGEM DA IDENTIFICAÇÃO	RESUMO DO PROBLEMA	ÁREA	TIPO DE AÇÃO	Detalhe da AÇÃO CORRETIVA IMEDIATA

Figura 34 - Controle de RNC (parte 1)

ANÁLISE DA CAUSA RAIZ	AÇÃO CORRETIVA/PREVENTIVA ADOTADA	RESPONSÁVEL	PRAZO	FOLLOW-UP	STATUS	DATA ENCERRAMENTO	RESPONSÁVEL PELA AVALIAÇÃO DE EFICÁCIA

Figura 35 - Controle de RNC (parte 2)

10.3 – Melhoria contínua

> *"A organização deve melhorar continuamente a adequação, suficiência e eficácia do sistema de gestão da qualidade. A organização deve considerar os resultados de análise e avaliação e as saídas da análise crítica pela direção para determinar se existem necessidades ou oportunidades que devem ser abordadas como parte da melhoria contínua."*

Sabia que existe uma diferença entre *Melhoria* e *Melhoria Contínua*? A primeira está relacionada a melhorar um produto ou processo que está ruim, necessitando de reparos ou apresentando falhas. A segunda, tem a haver com aquilo que já está bom, ou seja, um produto ou processo que já foi melhorado e agora deseja-se continuar melhorando.

A melhoria contínua está relacionada ao ciclo PDCA que nunca para de girar. *Hoje, fazer melhor do que ontem e amanhã melhor do que hoje*, isso nos leva a um alto nível de qualidade e produtividade.

    Existe um método muito famoso de aplicação de melhoria contínua chamado Kaizen. Inicialmente aplicado no setor automotivo, ganhou força e passou a ser usado por empresas de diversos segmentos, às vezes com outra nomenclatura, mas com o mesmo objetivo, implementar melhoria contínua de forma sistemática. Para aprender como implantar o Kaizen na sua empresa acesse:

https://ead.petracursos.com.br/curso/melhoria-continua-kaizen/

CONCLUSÃO

Chegamos ao fim da primeira jornada, agora é com você, a implantação e manutenção de um sistema de gestão da qualidade requer muita dedicação e talento, você tem os dois.

Não perca o próximo livro da série **O Analista** que vai ensinar como implantar um *Sistema de Medição de Desempenho*, vamos mostrar como criar centenas de KPIs (indicadores de desempenho) para os mais diversos processos e mostrar como criar lindos dashboards no Excel e no Power BI.

BIBLIOGRAFIA

- *ASSOCIAÇÃO BRASILEIRA DE NORMAS TÉCNICAS. NBR ISO 9000: Sistema de Gestão da Qualidade – Fundamento e vocabulário. Rio de Janeiro, 2015.*
- *ASSOCIAÇÃO BRASILEIRA DE NORMAS TÉCNICAS. NBR ISO 9001: Sistema de Gestão da Qualidade – Requisitos. Rio de Janeiro, 2015.*

www.ingramcontent.com/pod-product-compliance
Lightning Source LLC
Chambersburg PA
CBHW050000230526
45465CB00003BB/1192